# Santa Cena VIRTUAL

Un estudio bíblico, exegético y teológico de los argumentos

Dr. Alberto Paredes

*Santa Cena virtual: Un estudio bíblico, exegético y teológico de los argumentos*
por Alberto Paredes



**Dort Publicaciones**
**Ciudad de Guatemala, Guatemala.**



ISBN: 978-9929-8205-1-7
Estilo y Edición: Alejandro González Viveros
Diseño: Jeyson Ayala

# CONTENIDO

# PRÓLOGO

Mientras escribo esto, la pandemia mundial de Coronavirus tiene ahora más de dos años. Esto ha remodelado radicalmente la vida desde la oficina hasta la escuela, el hogar e incluso el santuario. Inicialmente, cuando los gobiernos y los funcionarios de salud exigían que las personas se quedaran en casa o separadas entre sí, la mayor parte de la atención solo se centraba en los posibles beneficios físicos de tales restricciones. No muchos cuestionaban las consecuencias sociales y espirituales más sutiles e invisibles, incluyendo la iglesia.

Al principio de la pandemia, antes de que las vacunas y otras medidas de mitigación estuvieran ampliamente disponibles, muchas iglesias aceptaron el mandato de no reunirse para los servicios de adoración. Esta fue una manera de honrar a las autoridades gobernantes (Romanos 13:1-7), amar al prójimo y proteger al pueblo de Dios. A diferencia de generaciones anteriores que enfrentaron crisis de salud generalizadas, la tecnología hoy ha avanzado hasta un punto en el que la iglesia puede hacer algunas cosas que unen a las personas en torno a cuestiones como la Palabra, la oración, e incluso el canto.

Tecnologías como *Zoom*, *Facetime* y transmisiones en vivo han permitido a las iglesias "celebrar servicios" en los que los creyentes pueden participar desde sus hogares o donde sea que tengan acceso a *Internet.* No se puede negar que esto ha sido *relativamente bueno.* Es decir, a falta de la oportunidad de reunirse en persona, tener *alguna* conexión con los ministerios de la iglesia, incluidos los medios de gracia, es mejor que nada. El pueblo de Dios puede dar gracias porque, en la bondadosa providencia de Dios, vivimos en un tiempo de avanzada tecnología digital. Sin embargo, esta misma tecnología que en cierta medida puede unir a las personas, invita algunas preguntas desafiantes.

Cuando una iglesia está tratando de obedecer todo el consejo de Dios, ella administrará *todos los* medios de gracia. Al mismo tiempo, la Cena del Señor, *parece* requerir la reunión del pueblo de Dios. Después de todo, en la Comunión, los ministros del evangelio ordenados entregan físicamente los elementos del pan y la copa para que puedan ser ingeridos en los cuerpos. ¿Cómo se podría hacer esto de otra manera?

A pesar de los aparentes retos, algunas iglesias han propuesto celebrar la Cena del Señor *virtualmente.* Ante la separación prolongada y, por tanto, la incapacidad de practicar la Comunión de la manera tradicional, se ha sugerido que la "Comunión en línea" es su propio *bien relativo* que aun permite cumplir el mandato de Jesucristo: "Haced esto..." (1 Corintios 11: 24). Mucho depende de este juicio. Los medios de gracia son el don de Dios a la iglesia para recibir del Espíritu Santo el alimento de Cristo para disfrutar cada vez más de los beneficios de la redención. Sin embargo, un aspecto fundamental sobre los medios de gracia es que la iglesia no determina dónde se encuentran o cómo se practican; el Señor lo hace (Éxodo 20:24).

Esta es una preocupación particularmente protestante. Una de las piedras angulares de la Reforma fue un retorno al principio de *Sola Scriptura*. Durante la Edad Media, la iglesia occidental se arrogó a sí misma más y más autoridad, hasta el punto de agregar cinco sacramentos a los dos que están explícitamente ordenados en las Escrituras. Los reformadores protestantes llamaron a la iglesia a regresar especialmente a los principales medios de gracia –Palabra, Sacramento y Oración– que no sólo son establecidos por la Escritura autorizada, sino también están *gobernados* por la Escritura. Es decir, en cada medio hay elementos que son fundamentales para su integridad como medio de gracia según la Palabra de Dios. Por ejemplo: La predicación debe ser de acuerdo con la Biblia. El bautismo debe ser con agua y en el nombre Trino. La oración es a través de nuestro mediador, el Señor Jesucristo. Pero, ¿qué pasa con la práctica de la Cena del Señor? ¿Son los elementos del pan y la copa, junto con las instrucciones de un ministro a través de una pantalla todo lo que se requiere?

A pesar de que la sociedad en su mayoría está más allá de los confinamientos angustiantes impuestos durante la pandemia, las iglesias todavía están utilizando internet para celebrar servicios; y algunos continúan abogando por la legitimidad de la Comunión en línea. Por lo tanto, se necesitan recursos que den respuesta a la pregunta de si practicar la Cena del Señor en casa mientras se mira una pantalla se puede calificar como obediencia al mandato del Señor con respecto a este sacramento. ¿Practicar la Santa Cena de esta manera sigue siendo practicarla en su integridad, o los elementos fundamentales se han arriesgado tanto que termina por ser otra cosa?

En este trabajo, Alberto Paredes responde de manera útil a esta pregunta. En lugar de dejar que las preocupaciones prácticas impulsen su respuesta, el Dr. Paredes recurre legítimamente a las Escrituras y a algunos de los teólogos más fieles y reflexivos de la historia de la iglesia. En nuestra era pragmática, con demasiada frecuencia la iglesia permite que preocupaciones legítimas proporcionadas por el contexto sean el factor impulsor que da forma a su práctica. El Dr. Parades proporciona una mejor opción. No da respuestas trilladas o simplistas a las preguntas de la Comunión en línea. Más bien, recurre a una profunda reflexión teológica para que esa sea esta la fuerza impulsora que da forma a la práctica de la iglesia del sacramento de la Cena del Señor. Esto es de inmensa ayuda para la iglesia en nuestra época, mientras ella busca ser fiel a su Señor y recibir la gracia del sacramento de la manera en que Él diseñó para que nosotros lo recibiéramos.

Dr. D. Blair Smith<br>
Profesor Asociado de Teología Sistemática<br>
Del Seminario Teológico Reformado,<br>
Harvard Divinity School, Th.M.<br>
Durham University (England), Ph.D.<br>
Marzo, 2022

# INTRODUCCIÓN

El 2020 no fue quizá el año que estábamos esperando. La pandemia por COVID-19 afectó más allá de lo que hubiéramos podido imaginar. Obviamente, esto llegó a la iglesia. Tras el mandato de distintos gobiernos que nos obligó a aislarnos, la iglesia tuvo que encontrar maneras de mantenerse en comunicación. Seguramente, esto se sintió como algo nuevo, como si ahora tuviéramos que brindar respuestas a preguntas que quizá no nos habíamos hecho con anterioridad. ¿Cómo definimos *iglesia*? ¿Qué hacemos con quienes estaban a punto de ser miembros? ¿Es válido desobedecer al gobierno en una situación así? ¿Cómo administramos los sacramentos cuando no podemos estar físicamente juntos? Etcétera. A dos años de la pandemia, en algunos lugares, estas preguntas continúan resonando en muchas mentes.

Por supuesto, no es posible contestar a todas y cada una de aquellas preguntas en un ensayo de esta naturaleza. Así que, el propósito general de este escrito será enfocarnos exclusivamente en una de las muchas discusiones que ahora están teniendo lugar: ¿es válida la administración de la cena del Señor a través de plataformas digitales[1]? Entiendo, de cualquier forma, que muchas de estas conversaciones están interconectadas, e inevitablemente tocaremos los bordes y superficies de otros temas aquí y allá a lo largo de esta obra. Sin embargo, cuando más y más dudas vayan surgiendo al leer este trabajo, debemos regresar siempre al tema central de conversación: la Santa Cena.

En este sentido, es mi deseo advertir al lector sobre la manera como este estudio se llevará a cabo, así como algunas prácticas de las cuales debe estar alerta para poder seguir el hilo de esta conversación.

En primer lugar, la metodología de investigación utilizada ha tratado de seguir los estándares académicos más altos. Es decir, se han buscado, leído, entendido y resumido fuentes primarias y secundarias, aun de las posturas con las que el autor no está de acuerdo. Lamentablemente, no existen muchos recursos teológicos de alto valor académico sobre el tema. Explico. En la investigación seria, existen algunos recursos que son más valiosos que otros. No es lo mismo citar la conversación que tuve con un amigo por teléfono, que citar un estudio serio o un libro sobre algún tema determinado. En el caso de la comunión en línea, los recursos serios son extremadamente limitados, y más aún cuando investigamos en el contexto latinoamericano. Por ello, se han tomado en cuenta los artículos que han causado más impacto dentro de la

---

[1] A la práctica de otorgar la comunión mediante plataformas digitales la llamaremos *comunión en línea, cena virtual, santa cena en línea* y *cena en línea*, entre otros nombres genéricos. Si bien estos nombres no pretenden ser utilizados de forma despectiva, sí se hace una distinción de lo que es la Cena del Señor al expresar estos términos en minúsculas. Por otro lado, también es importante decir que no existe un consenso entre la terminología a utilizar aún por quienes abogan por la práctica de la comunión en línea.

comunidad de la iglesia protestante en Latinoamérica. Debido a que no son muchos los recursos disponibles, el lector debe ser advertido que no habrá una variedad tan grande de referencias. Esto no es debido a una selectividad insidiosa, sino a la disponibilidad del material relevante. Es mi deseo, que este trabajo continúe la conversación para que podamos producir mayor contenido útil para nuestras iglesias en Latinoamérica.

Ahora bien, una de las ventajas (si se les quiere llamar así) de trabajar con pocas fuentes es que es mucho más sencillo hacerles justicia. Como espero sea evidente a través del escrito, uno de mis propósitos al escribir es representar de forma justa al otro lado de la conversación. Pretendo lograr esto de dos maneras, en primer lugar, me gustaría tomar los argumentos más fuertes y no los más débiles del lado con el que no estoy de acuerdo.

En segundo lugar, pretendo exhibir esos argumentos en una forma que sea fiel a la manifestación de las ideas de los autores de quienes provienen. Es decir, que el décimo mandamiento[2] me obliga a representar los argumentos de mis hermanos con quienes difiero de la manera más honesta, amorosa y seria posible. Si bien esta es mi intención genuina a través de todo el documento, de antemano pido perdón por cualquier ocasión en la que este propósito no se haya logrado.

Por otro lado, también es mi deseo evaluar los argumentos de las personas en lugar de otras cosas menos importantes para la discusión como su denominación, su sexo, su edad, sus años en el ministerio y otras muchas consideraciones que no añaden ni restan verdad a los argumentos mismos. De acuerdo con la misma actitud de

[2] «No darás falso testimonio contra tu prójimo» (Ex 20:16)

justicia y amor entre hermanos en Cristo que deseo manifestar a lo largo de este escrito, es mi profundo deseo que el lector tenga en consideración y le ore a nuestro Dios para que su actitud ante lo expuesto en este trabajo sea recíproca, y el autor, y la verdad o argumentos expuestos en este trabajo, no sean juzgados con base en cuestiones periféricas como la edad la carrera o el ministerio del autor mismo sino que cada argumento sea juzgado con una actitud de oración y con Biblia en mano para poder comparar la verdad del texto bíblico ha dicho argumento expuesto.

Finalmente, no es el propósito de este material lidiar con preguntas como ¿qué se debe hacer si el gobierno continua la prohibición a las iglesias de reunirse? Esta es una pregunta compleja que varía prácticamente de ciudad a ciudad. Por el momento, lo único que puedo decir es que la Biblia es suficiente para proveer estándares que nos ayuden a considerar con sabiduría tales cuestionamientos. Pero la exposición de esos estándares tendrá que ser labor de algún otro por ahora.

Habiendo dicho todo esto solo resta un breve repaso de la manera como este trabajo tendrá lugar. En primer lugar, trataremos con la importancia del asunto mismo. ¿Porque este tema es tan importante?

En la segunda parte, estaremos analizando los argumentos a favor de la postura que defiende que la comunión en línea es bíblica, o bien, que tiene su fundamento en principios bíblicos generales correctamente aplicados. Habrá cuatro líneas de argumentación que serán presentadas: (1) La línea de argumentación histórico-redentora. (2) La línea de argumentación exegética. (3) Una línea de argumentación teológica. (4) una línea de argumentación práctica que tiene su base en todas las líneas anteriores. Estos títulos otorgados a las líneas de argumentación no serán encontrados como tales en ningún otro trabajo del que yo tenga conocimiento. Más bien, han sido proporcionados por parte del autor para la más fácil consideración, comprensión, y categorización de los argumentos mismos.

En la tercera parte buscaremos dar respuesta a cada uno de los argumentos expuestos en la segunda parte. Para ello comenzaremos con un breve resumen del argumento expuesto, seguido de los puntos positivos de dicho argumento. Después, expondremos la respuesta principal a dicho argumento y en algunas ocasiones terminaremos por expandir un poco más y profundizar sobre implicaciones y otras consideraciones que no se habían tomado en el argumento principal.

Por último, deseo proporcionar un argumento histórico. Los argumentos históricos, aunque son secundarios, pueden ser de mucha ayuda. Revisar cómo la iglesia ha tenido que lidiar con una situación similar en el pasado nos puede dar luz para saber qué hacer en el presente. Si bien la tecnología ha avanzado y las condiciones pueden no ser idénticas, esta no es la primera vez en la que el pueblo de Dios no ha podido reunirse físicamente en los lugares de adoración. Al observar los comportamientos de hermanos del pasado estaremos mejor informados para tomar decisiones en nuestro presente, incluso en medio de esta temporada de pandemia.

Suplico al lector, que en cada momento tenga su Biblia en mano para comparar, hacer anotaciones y orar sobre cada uno de los pasajes que se tratarán en los siguientes capítulos. También es mi esperanza que los argumentos propuestos en la sección de respuestas vayan más allá de la situación actual, y sirvan como refutación a cualquier tipo de práctica virtual de la cena del Señor.

La tesis central de este trabajo es la siguiente, que los argumentos a favor no son lo suficientemente contundentes como para considerar la comunión en línea como la decisión más sabia. Sin embargo, deseo que el escrito tenga un tono de amabilidad y respeto. No es una diatriba contra quienes plantean la comunión en línea o la practican. Es una voz más en la conversación, que pide al mismo tiempo considerar con mayor cuidado y rigor el tema, mientras que llama al otro lado a producir argumentos más sólidos. En resumen, el objetivo de este trabajo es que la iglesia sea edificada por la obra misma, y las respuestas que esta genere. Con la ayuda de Dios, así será.

# ¿REALMENTE IMPORTA?

*«Existe más comunión en este acto que en cualquier otro acto religioso... No tenemos comunión tan cercana con alguien ya sea al pedir lo que necesitamos, o al dar gracias por un favor recibido, como la tenemos al sentarnos con él en su mesa, compartiendo del mismo pan y la misma copa.»*[3]

~ Stephen Charnock

Antes de hablar de cualquier tema, es crucial preguntarnos, ¿qué diferencia hace? ¿Cuál es la diferencia si nos inclinamos hacia practicar la comunión por medios virtuales? ¿Por qué este tema puede causar tanto alboroto?

Uno de los requisitos para el pastor es que no sea pleitista (1 Tim. 3:3; Tito 1:7). Por tanto, debemos asegurarnos de que, al traer este tema a la mesa, no lo hacemos por el simple hecho de ganar una discusión y tener la razón. Por otro lado, la Biblia también llama a los

[3] Stephen Charnock, «A Discourse of the End of the Lord's Supper», in *The Complete Works of Stephen Charnock*, 1864th–1866th; repr. ed. (Edinburgh: Banner of Truth Trust, 1985), V.4, 407.

ancianos a retener la palabra fiel (2 Tim. 1:13, 2:2; Tito 1:9). Es decir, el obispo debe estar preparado no solo para ministrar a la iglesia, sino para justificar la manera en la que está sirviendo. Debe poder enseñar (1 Tim. 3:2) al resto de su congregación el *por qué* está obrando de tal o cual manera. Esto también servirá para probar que dicho ministro no es alguien nuevo en la fe (1 Tim. 3:6), ni alguien que es como niño, llevado por cualquier viento de doctrina (Ef. 4:14).

Notemos que estas características aplican a todo aquel que está involucrado en el gobierno y dirección de la iglesia. Estas características deben estar presentes independientemente de la postura con la que lleguemos a esta conversación. El que apoya la comunión en línea, debe poder hacerlo contundentemente, y desde la Biblia. El que apoya la administración tradicional del sacramento tiene el mismo encargo. Más aún, esto es verdad no solo de la comunión, sino de cada acción y decisión que tomamos por la iglesia. Es por esto que los requisitos para los gobernantes de la iglesia son tan específicos.

Ahora bien, habiendo dicho esto, debemos continuar respondiendo la pregunta, ¿por qué este tema en específico importa? Para ello, veremos brevemente quién es el que nos manda a practicar el sacramento, quiénes son enviados a administrar el sacramento, la importancia de los sacramentos en general, y las particularidades de la Santa Cena en específico.

## El Dios de los Sacramentos

Dios, en su infinita gracia y misericordia, nos ha otorgado señales y sellos (Rom. 4:11) que ratifican las promesas del pacto de gracia en Cristo Jesús. Es difícil poder expresar la magnitud de la gracia que Dios ha tenido para con su pueblo, y, sin embargo, los sacramentos nos ayudan a ver al Dios de gracia en acción. Al mismo tiempo, en el mundo posmoderno (y post-cristiano) en el que vivimos, existe otro atributo de Dios que generalmente tiende a ser rezagado y oscurecido: su justicia. Notemos, de cualquier forma, que la gracia de Dios presupone su justicia. Esto es, si Dios no fuera un Dios justo, entonces la gracia de Dios no tendría el valor que tiene. Si Dios no se caracteriza por condenar justamente al pecador, entonces ¿qué valor tendría su perdón?

Podemos ver, pues, que la gracia y la justicia de Dios son atributos que están íntimamente relacionados. Y parte de esta relación tiene su fundamento en la realidad de que Dios es un Dios tres veces santo. Tanto su gracia como su justicia responden a la realidad de su santidad. Es decir, Dios castiga al malvado y lo condena de forma justa, porque Él es santo, y no puede olvidar el pecado y barrerlo debajo de la alfombra. Así también, la gracia de Dios no es una gracia barata que pretende que la paga del pecado quede en el aire, sino que Cristo Jesús recibe ese castigo en lugar de su amada iglesia.

La Biblia está repleta de episodios en los que la santidad de Dios es amplificada para los lectores, como un atributo que podemos disfrutar, pero que al mismo tiempo nos llama a tener cuidado cuando entramos en contacto con las cosas que el Señor ha llamado sagradas. Si Bien personajes como Abraham, Moisés, David, e Isaías son grandes ejemplos de la gracia que proviene de un Dios santo, ¿cómo podemos olvidar a Nadab y Abiú, que fueron consumidos por presentar fuego extraño (Lev. 10:1-3)? ¿Cómo ignorar la muerte de Uza por querer evitar que el arca del pacto tocara el suelo (2 Sam. 6:1-7)? ¿Qué sobre el rey que quiso hacer de sacerdote y terminó consumido con lepra (2 Cro. 26:16-21)? ¿Podemos leer lo que sucedió con Ananías y Zafira al mentir sobre su ofrenda (Hch. 5:1-11) y no temblar? La destrucción de la tierra en los días de Noé, los juicios que una y otra vez podemos ver al leer los profetas, e incluso el juicio final que espera a los no creyentes en el último día, todos responden también a la realidad de que Dios es un Dios santo, santo, santo (Isa. 6:3; Apo. 4:8).

La santidad de Dios es, en mi entendimiento, un atributo dominante al entrar en conversaciones sobre el culto público y especialmente los sacramentos. La santidad de Dios trae una buena dosis de sobriedad y temor reverente a la mesa de conversación, que nos prevendrá de tomar decisiones sin antes haber considerado qué es lo que quiere el Dios santo de Abraham, Moisés y David, pero también de Nadab, Abiú, Uza, Ananías y Safira, y otros más que supieron de primera mano lo terrible de esta santidad. Por otro lado, esta misma santidad nos ayuda a dimensionar la gracia abundante de un Dios puro, que permite que hombres pecadores, lavados por la sangre del Cordero, se acerquen a Él.

## Advertencias para ministros

Habiendo considerado el hecho de que Dios es santo, será más fácil entender el peso y la relevancia del siguiente punto. La Biblia advierte a los cristianos en general de tener cuidado sobre las cosas que escuchan y de quiénes las escuchan. Si bien esta advertencia es amplia y muy general, existe otra advertencia que es específica para ministros.

Consideremos en primer lugar lo que escribe Santiago en su epístola: «Hermanos míos, no os hagáis maestros muchos de vosotros, sabiendo que recibiremos un juicio más severo» (Stg. 3:1).

El hermano de Jesús advierte explícitamente, a la iglesia en general, que no todos deben desear ser maestros. ¿El motivo? Simple, sobre ellos vendrá un *juicio más severo.* Implícitamente, la advertencia va también para con quienes se llaman de alguna u otra forma «maestros» entre la congregación. Después, el autor prosigue llamando a la iglesia a tener cuidado de cómo usa su lengua, y por supuesto, esto incluye lo que algunos podemos estar enseñando.

Siguiendo adelante, Pablo advierte a la congregación sobre la calidad de la obra con la que algunos ministros edifican:

> Conforme a la gracia de Dios que me fue dada, yo, como sabio arquitecto, puse el fundamento, y otro edifica sobre él. Pero cada uno tenga cuidado cómo edifica encima. Pues nadie puede poner otro fundamento que el que ya está puesto, el cual es Jesucristo. Ahora bien, si sobre el fundamento alguno edifica con oro, plata, piedras preciosas, madera, heno, paja, la obra de cada uno se hará evidente; porque el día la dará a conocer, pues con fuego será revelada; el fuego mismo probará la calidad de la obra de cada uno. Si permanece la obra de alguno que ha edificado sobre el fundamento, recibirá recompensa. Si la obra de alguno es consumida por el fuego, sufrirá pérdida; sin embargo, él será salvo, aunque así como por fuego. (1 Cor. 3:10-15)

Pablo ha dejado claro que no hay motivo por el cual tomar partidos dentro de la congregación, pues al final, Dios juzgará la obra de cada ministro (1 Cor. 3:4-9). Posteriormente, en el texto citado, él compara la obra de cada ministro con diferentes materiales de construcción. Estos diversos materiales tienen el propósito de expandir la idea de que cada ministro será juzgado tomando en consideración la solidez o la calidad con la que edificó la iglesia.

Esta es otra razón por la que el tema al cual está dedicado este escrito es tremendamente importante. Si bien el apóstol Pablo nos asegura que no todas nuestras decisiones son de vida o muerte (v. 15), con el mismo aliento nos dice que eso no significa que no sufriremos pérdida.

Por si esto no fuera suficiente, los siguientes dos versículos deben llenar de escalofríos a quien sea que esté en peligro de hacer algo que pueda lastimar gravemente a la esposa de Cristo:

> ¿No sabéis que sois templo de Dios y que el Espíritu de Dios habita en vosotros? Si alguno destruye el templo de Dios, Dios lo destruirá a él, porque el templo de Dios es santo, y eso es lo que vosotros sois. (1 Cor. 3:16-17)

Si bien el nuevo pacto tiene una promesa de parte de Jesús concerniente a la victoria de su iglesia en el día final (Mat. 16:18), este pasaje nos muestra una promesa, quizá menos atractiva, pero no por ello menos verdadera. El Espíritu Santo que inspiró la primera promesa, inspiró también la segunda. Aquel que destruye el templo de Dios (la iglesia), Dios lo destruirá a él. ¿Cuál es el motivo? El templo de Dios, así como Dios, es también considerado santo.

## La importancia de los sacramentos

Dios es Santo, y su iglesia está llamada a serlo también. Para esta iglesia[4], el Señor ha establecido prácticas rituales que apuntan hacia esa santidad[5]. A estos rituales los conocemos como sacramentos. *La Confesión de Fe de Westminster* nos ayuda a comprender mejor algunas generalidades sobre los sacramentos.

Lo primero que la confesión nos dice sobre ellos es que, junto con la lectura y predicación de la Palabra, los cantos de adoración y las oraciones, los sacramentos forman parte del culto de adoración pública ordinario a nuestro Dios (CFW 21.5). Además, nos dice que ellos son señales y sellos santos del pacto de gracia, instituidos directamente por Dios para representar a Cristo, y para obligarlos [...] conforme a su Palabra (CFW 27.1). La Confesión continúa explicando que los sacramentos van más allá de una cuestión emocional o simplemente conmemorativa. Ella nos dice que realmente existe una unión sacramental, o bien, una relación espiritual entre los elementos de un sacramento y aquello que significan (27.2). Después explica que el poder de los sacramentos correctamente administrados se encuentra solamente en la obra del Espíritu Santo, y no en los elementos mismos, ni en quienes los administran (27.3). Clarifica, luego, que solo el bautismo y la santa cena son sacramentos, y que deben siempre ser administrados por un ministro debidamente ordenado

---

[4] La iglesia universal en sus manifestaciones locales.

[5] En este sentido, aunque una de las palabras bíblicas que se usa para hablar sobre los sacramentos (entre otras cosas) es en realidad '*misterio (gr. mystērion)*', personalmente, me gusta cómo la Vulgata traduce en ocasiones esa misma palabra a *sacramentum*, conservando la idea de garantía y promesa, pero también se separación y santidad.

(27.4). Y, finalmente, reafirma la continuidad que existe entre los sacramentos del Antiguo Testamento y los del Nuevo (27.5).

En resumen, los sacramentos son signos y sellos del pacto de gracia en Cristo, que Dios ha instituido para que su iglesia practique conforme a su Palabra en el contexto de la adoración pública congregacional[6].

Estos sacramentos son también conocidos, junto con la oración y la predicación de la Palabra, como medios de gracia ordinarios, y, por tanto, son útiles, al ser practicados de forma correcta, para el crecimiento espiritual y la nutrición de la iglesia. Sin embargo, no siempre, y no en todos los casos es así.

## El peligro de la Santa Cena

Si bien hemos visto que los sacramentos provienen de un Dios santo, es natural que, en ocasiones, estos sacramentos reflejen la naturaleza de gracia, pero también de juicio, que está aunada a la santidad del Dios que los instituyó.

Esto es especialmente claro en el caso de la santa cena. Estoy suponiendo que la mayoría de los lectores conoce los beneficios de participar de la comunión correctamente, y quizá algunos estén familiarizados con la expresión de Juan Calvino para referirse a este sacramento como un *festín para*

[6] Hasta el momento, no hemos tratado el tema de la posibilidad o imposibilidad de adoración pública congregacional en línea como algo permisible o tolerable. Más adelante, dedicaremos unos párrafos a hablar sobre ello. Por el momento, el único énfasis deseado es mostrar un resumen de la utilidad, naturaleza, y, por tanto, la importancia de los sacramentos en general.

*el alma*[7]. Por esto, no ahondaré en la maravillosa gracia que nos sobreviene al participar correctamente de la cena.

Mi propósito ahora es distinto. Quiero llamar nuestra atención a algo que, como la promesa de destrucción en 1 Corintios, es igual de incómodo e igual de real: el peligro de la Santa Cena.

Para ello, el *locus classicus*[8] del tema es también la primera carta de Pablo a los Corintios:

> Pero al daros estas instrucciones, no os alabo, porque no os congregáis para lo bueno, sino para lo malo. Pues, en primer lugar, oigo que cuando os reunís como iglesia hay divisiones entre vosotros; y en parte lo creo. Porque es necesario que entre vosotros haya bandos, a fin de que se manifiesten entre vosotros los que son aprobados.
>
> Por tanto, cuando os reunís, esto ya no es comer la cena del Señor, porque al comer, cada uno toma primero su propia cena; y uno pasa hambre y otro se embriaga. ¿Qué? ¿No tenéis casas para comer y beber? ¿O menospreciáis la iglesia de Dios y avergonzáis a los que nada tienen? ¿Qué os diré? ¿Os alabaré? En esto no os alabaré.

---

[7] *Inst. IV.xvii.1* en Jean Calvin, *Institutes of the Christian Religion*, ed. John T McNeill, trad. Ford Lewis Battles (Louisville, KY: Westminster John Knox Press, 2006), 1359–1360.

[8] ***Lat.* Locación clásica.** Este término se utiliza en literatura, filosofía y especialmente en teología sistemática para hablar del texto clásico por excelencia que sirve como referencia o punto de partida para estudiar algún tema específico. Ver Richard A. Muller, «Locus Classicus», *Dictionary of Latin and Greek Theological Terms: Drawn Principally from Protestant Scholastic Theology* (Grand Rapids, Michigan: Baker Academic, a division of Baker Publishing Group, 2017), 204.

> Porque yo recibí del Señor lo mismo que os he enseñado: que el Señor Jesús, la noche en que fue entregado, tomó pan, y después de dar gracias, lo partió y dijo: Esto es mi cuerpo que es para vosotros; haced esto en memoria de mí.
>
> De la misma manera tomó también la copa después de haber cenado, diciendo: Esta copa es el nuevo pacto en mi sangre; haced esto cuantas veces la bebáis en memoria de mí. Porque todas las veces que comáis este pan y bebáis esta copa, la muerte del Señor proclamáis hasta que Él venga.
>
> De manera *que el que coma el pan o beba la copa del Señor indignamente, será culpable del cuerpo y de la sangre del Señor.*
>
> Por tanto, examínese cada uno a sí mismo, y entonces coma del pan y beba de la copa.
>
> *Porque el que come y bebe sin discernir correctamente el cuerpo del Señor, come y bebe juicio para sí. Por esta razón hay muchos débiles y enfermos entre vosotros, y muchos duermen.*
>
> Pero si nos juzgáramos a nosotros mismos, no seríamos juzgados. Pero cuando somos juzgados, el Señor nos disciplina para que no seamos condenados con el mundo. Así que, hermanos míos, cuando os reunáis para comer, *esperaos unos a otros.* Si alguno tiene hambre, coma en su casa, *para que no os reunáis para juicio.* Los demás asuntos los arreglaré cuando vaya. (1 Cor. 11:17-34, énfasis agregado.)

Este es un verso amplio, el cual citaremos varias veces más adelante. Por ahora, mi único propósito es mostrar no solo el potencial de infinita gracia que hay en la comunión cuando se practica de manera correcta, sino también el potencial destructivo que conlleva practicarla de forma indigna (1 Cor. 11:27-29).

Así pues, hay cuatro cosas que debemos considerar. En primer lugar, no todo lo que nosotros llamamos «cena del Señor», *es* la Cena del Señor. El verso 20 nos muestra que, en ocasiones, la cena no se considera tal, aunque nosotros le queramos poner ese título. Es decir, la cena no es cena porque nosotros la llamemos así, sino solo en cuanto la hagamos conforme a los estándares de Dios.

Esto nos lleva al segundo punto, la cena no es tal si no está acompañada del entendimiento correcto. La Cena del Señor no es válida, si los participantes no pueden discernir el cuerpo y la sangre de Cristo. Después de la explicación de la institución del sacramento (vv. 23-26), Pablo advierte a la congregación en Corinto que aquellos que comen sin *discernir* —esto es, sin tener el juicio correcto acerca de lo que la santa cena es— comen y beben juicio[9].

Por otro lado, no simplemente la falta de entendimiento de la Cena puede invalidarla y acarrear juicio. El tercer punto que debemos ver en este texto es precisamente ese. Una mala práctica (y no solo un mal entendimiento), invalidan la cena del Señor, y traen juicio a la iglesia. Notemos que, si bien Pablo menciona la falta de discernimiento como ocasión de juicio, al final aplica el juicio a una mala *práctica* de la comunión (vv. 33-34). Pablo ata la mala práctica de no esperarse unos a otros con el mismo juicio que viene por la falta de discernimiento.

Finalmente, el último punto ha sido mencionado en los anteriores, pero no está de más revisarlo de manera

---

[9] Este es uno de los argumentos por los cuales consideramos que nos infantes no deben participar de la Cena del Señor, sino hasta que den muestra de poder discernir su significado. Ver, Guy Prentiss Waters and J. Ligon Duncan, eds., *Children and the Lord's Supper: Let a Man Examine Himself* (Fearn, UK: Mentor, 2011).

explícita: aunque no estemos participando de la Cena real, o bien de la Cena que trae bendición, el participar indignamente de la Cena es un pecado que trae juicio y condenación. Notemos que Pablo no solamente habla de un juicio abstracto y general, sino que particulariza la situación en la iglesia de Corinto y menciona que las enfermedades y muertes[10] recientes entre los miembros de la iglesia son consecuencia del juicio de Dios a causa de su mal entendimiento, y mala administración del sacramento (v.30).

En resumen, aunque la Santa Cena administrada y entendida de manera correcta es una fuente inagotable de gracia y bendición, la Palabra también nos muestra que el mismo sacramento mal comprendido, o mal practicado tiene un potencial destructivo para la iglesia. Así pues, la Cena del Señor es correctamente llamada *Santa* Cena, enfatizando así la característica de santidad, que no solo habla del aspecto de separación, sino también de la divina pureza y singularidad del Dios santo que la instituyó.

Esta es la importancia de este tema. El Dios que nos manda a practicar la cena, nos manda a hacerlo de forma santa, de lo contrario, podemos dañar a la iglesia, acto contra el que el Señor nos ha advertido severamente. Por esto es que esta conversación importa. Por eso, sin importar la postura que defendemos, necesitamos razones que vayan más allá de la practicidad o el sentimiento, especialmente en un tema como este. En este asunto, la carga de la prueba, o la obligación de demostrar estar en lo correcto está en aquél que desea implementar cambios o variantes a la forma

---

[10] La referencia a aquellos que *duermen*, es un eufemismo para hablar sobre los que han muerto. Ver también: Dan. 12:2; 1 Cor. 15:6; 1 Tes. 4:14-14.

regular como el Señor ha mandado a que se administre este sacramento. Es el otro lado de esta conversación quien en realidad debe convencernos con argumentos bíblicos de que lo que se quiere implementar definitivamente agrada a Dios. Debe hacerlo con seguridad, con argumentos sólidos, y sin lugar a duda. De otro modo, el riesgo es mayor que el beneficio.

Recordemos que la pregunta no es practicarla o no practicarla definitivamente. El tema sobre la mesa es si debemos practicarla de este modo (de manera virtual), o abstenernos por ahora hasta que Dios nos permita hacerlo de nueva cuenta presencialmente. Este es un buen momento para pausar y recordar la primera parte de la tesis de este escrito: que los argumentos a favor no son lo suficientemente contundentes como para considerar la comunión en línea como la decisión más sabia. Por esta razón, lo que sigue en nuestra empresa para buscar la decisión más sabia es escuchar aquellos argumentos. Debemos escuchar con atención, amor, y gentileza a quienes abogan por la cena en línea, pero todo el amor y la gentileza del mundo no deben quitar de nuestro panorama el escuchar con discernimiento y estudiar con diligencia, juzgando la verdad y consistencia de los argumentos.

# CENA EN LÍNEA: EL CASO A FAVOR

*«Mantengan estas tradiciones puras, y ustedes manténganse sin ofensa. No se aparten ustedes mismos de la comunión. No se aparten de estos santos misterios espirituales a causa de la contaminación de sus pecados»*[11].

~ Cirilo de Jerusalén

Alrededor del siglo quinto antes de Cristo, existió un personaje en Elea, Grecia[12]; un filósofo de nombre Zenón. Zenón era muy astuto y una de sus habilidades era presentar problemas a su audiencia, problemas que parecían

[11] St. Cyril of Jerusalem, «On the Eucharistic Liturgy [Sobre la Liturgia Eucarística]», in *Lectures on the Christian Sacraments: the Procatechesis and the Five Mystagogical Catecheses ascribed to St Cyril of Jerusalem*, trans. Maxwell E. Johnson, Popular Patristics series 57 (Yonkers, NY: St Vladimir's Seminary Press, 2017), 135, 137.
[12] John Palmer, «Zeno of Elea», in *The Stanford Encyclopedia of Philosophy*, ed. Edward N. Zalta, Summer 2021. (Metaphysics Research Lab, Stanford University, 2021), accessed January 11, 2022, https://plato.stanford.edu/archives/sum2021/entries/zeno-elea/.

no tener solución y que, de ser ciertos, cambiaban la perspectiva del mundo como lo conocían.

En cierta ocasión, Zenón contó una paradoja que suponía demostrar que el movimiento era en realidad una ilusión. Zenón contaba que una tortuga compitió en una carrera contra el héroe griego Aquiles. Siendo que la carrera era tan dispar, Aquiles decidió dar una ventaja de unos minutos a la tortuga. Cuando la carrera comenzó, la tortuga avanzó primero, y pasados esos minutos, Aquiles le siguió. Aquiles llegó hasta el punto medio entre su punto inicial y el punto en el que estaba la tortuga después de su ventaja, pero para ese momento, la tortuga había avanzado un poquito más. A partir de allí, Aquiles volvió a avanzar hasta el punto medio entre el primer punto medio y el segundo punto hasta el que la tortuga había avanzado. Para sorpresa de Aquiles, al llegar a ese nuevo punto medio, otra vez la tortuga había avanzado más. Y así, los movimientos se repitieron hasta el infinito, Aquiles nunca pudo alcanzar a la tortuga que se mantuvo en movimiento, y la tortuga ganó la carrera.

Esta es la famosa «Paradoja de Zenón contra el Movimiento». Una de las cosas que me llaman la atención de esta paradoja es que, al escucharla por primera vez, dos cosas suceden. Primero, nuestro cerebro racionaliza los argumentos que Zenón nos presenta, y es capaz de entender cómo es que Zenón llega a la conclusión que la tortuga gana la carrera. Sin embargo, lo otro que sucede es casi completamente opuesto. Mientras nuestro cerebro trata de racionalizar los argumentos presentados, al mismo tiempo nos da la impresión de que «algo no está bien». Algo *no* estamos viendo. Algo estamos pasando por alto.

Sin la necesidad de explicar la solución a la paradoja de Zenón, lo que quiero prestar de ella es precisamente el fenómeno que sucede cuando la escuchamos por primera vez. Al escuchar los argumentos a favor de la comunión en línea, podemos entenderlos. Podemos razonarlos. Podemos ver por qué quienes la sostienen llegan a tales conclusiones, y, sin embargo, algo en muchos de nosotros dice: «Algo no está bien». El ejercicio que haremos de escuchar y responder a los argumentos nos hará entender ambos fenómenos. Por un lado, aunque podemos entender y racionalizar los argumentos presentados por quienes defienden la práctica de la cena virtual, una de las preguntas que debemos estarnos haciendo es la siguiente: ¿Son los argumentos presentados *todo* lo que hay que decir con respecto a la comunión en línea? ¿Están tomando en cuenta *todas* las aristas? ¿Qué nos estamos perdiendo?

En la sección anterior revisamos la importancia de la comunión como un sacramento que proviene del Dios santo, y el cual, por tanto, debemos practicar como *Él* mandó, o bien demostrar bíblicamente que cualquier innovación, cambio, o varianza percibida con respecto a lo que vemos en el testimonio bíblico, es en realidad una práctica avalada por la Escritura.

En esta sección solo presentaremos los argumentos más fuertes a favor, de la manera más fiel posible. Presentaremos el caso de Zenón. Será hasta más adelante que brindemos respuesta a cada uno de estos argumentos y podamos evaluar si las conclusiones presentadas por quienes abogan a favor de la comunión en línea son válidas.

Dividiremos los argumentos a favor en cuatro tipos o líneas de argumentación. En primer lugar, revisaremos el argumento histórico-redentor. Después, revisaremos el argumento exegético más común. Siguiendo adelante, explicaremos el argumento teológico a favor de la comunión en línea. Y, finalmente, veremos cuál es el argumento práctico, y las bases bíblicas que parecen soportarlo.

Reitero que este capítulo es únicamente para revisar los argumentos a favor, de la manera más fiel posible. Por tanto, si tú como lector estás en contra de la comunión en línea, por favor, pido paciencia. Nuevamente, es una cuestión de integridad y justicia el escuchar con amor y atención los argumentos de otras posturas antes de presentar respuesta (Deu. 5:20, Stg. 1:19). El académico y exegeta Dr. Gordon Fee escribe: «Antes de poder decir "No estoy de acuerdo", es necesario poder decir, "te entiendo"»[13].

Por otro lado, si tu postura es a favor de la comunión en línea, te pido que no utilices este pequeño recurso fuera de su contexto, y que continúes leyendo hasta el final, donde daremos respuesta a estos argumentos y presentaremos la evidencia que respalda la administración tradicional, presencial y física del sacramento.

## Argumento histórico-redentor

El primer argumento a favor de la práctica de la Santa Cena en línea tiene por objeto mostrar la continuidad que existe entre el sacramento de la Pascua en el Antiguo Testamento, y la comunión en el Nuevo. Derivando entonces que, si existe esta continuidad, entonces tenemos un precedente

---

[13] Gordon D. Fee, *New Testament Exegesis: A Handbook for Students and Pastors*, 3rd ed. (Louisville, KY: Westminster John Knox Press, 2002), 33.

bíblico para tomar algunas de estas prácticas y aplicarlas al sacramento del nuevo pacto.

Para poder entender este argumento, primero hay que ver el texto clave donde se establece la Pascua para con el pueblo de Israel, justo antes de ser liberados de la tierra de Egipto:

> Y el SEÑOR habló a Moisés y a Aarón en la tierra de Egipto, diciendo:
>
> Este mes será para vosotros el principio de los meses; será el primer mes del año para vosotros.
>
> Hablad a toda la congregación de Israel, diciendo:
>
> El día diez de este mes cada uno tomará para sí un cordero, *según sus casas paternas; un cordero para cada casa.*» Mas *si la casa* es muy pequeña para un cordero, entonces él y el vecino *más cercano a su casa* tomarán uno según el número de personas; conforme a lo que cada persona coma, dividiréis el cordero.
>
> El cordero será un macho sin defecto, de un año; lo apartaréis de entre las ovejas o de entre las cabras.» Y lo guardaréis hasta el día catorce del mismo mes; entonces toda la asamblea de la congregación de Israel lo matará al anochecer.» Y tomarán parte de la sangre y la pondrán en los dos postes y en el dintel *de las casas donde lo coman.*» Y comerán la carne esa misma noche, asada al fuego, y la comerán con pan sin levadura y con hierbas amargas.» No comeréis nada de él crudo ni hervido en agua, sino asado al fuego, tanto su cabeza como sus patas y sus entrañas.» Y no dejaréis nada de él para la mañana, sino que lo que quede de él para la mañana lo quemaréis en el fuego.» Y de esta

manera lo comeréis: ceñidos vuestros lomos, las sandalias en vuestros pies y el cayado en vuestra mano, lo comeréis apresuradamente. *Es la Pascua del Señor.*

Porque esa noche pasaré por la tierra de Egipto, y heriré a todo primogénito en la tierra de Egipto, tanto de hombre como de animal; y ejecutaré juicios contra todos los dioses de Egipto. Yo, el Señor.
Y la sangre os será por señal *en las casas donde estéis*; y cuando yo vea la sangre pasaré sobre vosotros, y ninguna plaga vendrá sobre vosotros para destruiros cuando yo hiera la tierra de Egipto.» Y este día os será memorable y lo celebraréis como fiesta al Señor; *lo celebraréis por todas vuestras generaciones como ordenanza perpetua.*

Siete días comeréis *panes sin levadura*; además, desde el primer día quitaréis toda levadura *de vuestras casas*; porque cualquiera que coma algo leudado desde el primer día hasta el séptimo, *esa persona será cortada de Israel.*

Y en el primer día tendréis una santa convocación, y otra santa convocación en el séptimo día; ningún trabajo se hará en ellos, excepto lo que cada uno deba comer. Solo esto podréis hacer.

Guardaréis también *la fiesta de los panes sin levadura*, porque en ese mismo día saqué yo vuestros ejércitos de la tierra de Egipto; por tanto guardaréis este día por todas vuestras generaciones como ordenanza perpetua.

En el mes primero comeréis los panes sin levadura, desde el día catorce del mes por la tarde, hasta el día veintiuno del mes por la tarde.» Por siete días no habrá levadura en vuestras casas; porque cualquiera que coma algo leudado, esa persona será cortada de la congregación de Israel, ya sea extranjero o nativo del país.» No comeréis nada leudado; en todo lugar donde habitéis comeréis panes sin levadura.

Entonces Moisés convocó a todos los ancianos de Israel, y les dijo:

Sacad del rebaño corderos para vosotros *según vuestras familias*, y sacrificad la pascua. Y tomaréis un manojo de hisopo, y lo mojaréis en la sangre que está en la vasija, y mancharéis con la sangre que está en la vasija el dintel y los dos postes de la puerta; y *ninguno de vosotros saldrá de la puerta de su casa* hasta la mañana. Pues el Señor pasará para herir a los egipcios; y cuando vea la sangre en el dintel y en los dos postes de la puerta, el Señor pasará de largo aquella puerta, y no permitirá que el ángel destructor *entre en vuestras casas* para heriros.

*Y guardaréis esta ceremonia como ordenanza para vosotros y para vuestros hijos para siempre.* Y cuando entréis a la tierra que el Señor os dará, como ha prometido, guardaréis este rito. Y sucederá que *cuando vuestros hijos os pregunten:* «¿Qué significa este rito para vosotros?», vosotros diréis: «*Es un sacrificio de la Pascua* al Señor, el cual pasó de largo las casas de los hijos de Israel en Egipto cuando hirió a los egipcios, y libró nuestras casas».

Y el pueblo se postró y adoró.

Los hijos de Israel fueron *y lo hicieron así; tal como el Señor había mandado* a Moisés y a Aarón, *así lo hicieron.* (Ex 12:1-28, énfasis agregado.)

En esta más bien larga porción de texto, podemos observar algunos aspectos que nos ayudarán a entender la continuidad que existe entre la Pascua y la Santa Cena.

En primer lugar, vemos que, como la comunión, la Pascua fue también instituida por Dios para ser practicada por su pueblo como una ordenanza eterna (*cf.* 1 Cor. 11:23-26). Además, es evidente que el contexto en el que se establece la comunión, que es precisamente la celebración de la Pascua y la fiesta de los panes sin levadura, tiene por objeto señalar la continuidad que existe entre estas dos instituciones (*cf.* Mat. 26:17-19, 26-29; Mar. 14:12-16, 22-25; Luc. 22:7-20). Además, es importante señalar también la similitud en cuanto al juicio que existe entre no practicar estas ordenanzas de la manera correcta (*cf.* v.15; 1 Co 11:27, 29-30, 34), y el énfasis que hace esta narrativa sobre la realidad de que el pueblo de Israel se dio a la tarea de seguir las instrucciones al pie de la letra (*cf.* v. 28, 1 Cor. 11:23).

Si todo esto es cierto, entonces la continuidad y la relación estrecha que existe entre los dos sacramentos es más que evidente. Más aún, la misma confesión de Westminster afirma que «[l]os sacramentos del Antiguo Testamento, en cuanto a las cosas espirituales significadas y manifestadas por ellos, eran en sustancia los mismos del Nuevo» (CFW 27.5).

Con todo esto en mente, y las múltiples referencias sobre la realidad de que la Pascua fue instituida para ser practicada en familia, y en casas, el argumento histórico-redentor desea mostrar la validez practicar la comunión en casa y en familia[14].

---

[14] Si bien no todos quienes sostienen este argumento desean aplicarlo de forma total, es decir, más allá del contexto de pandemia en el que

## Argumento exegético

Por otro lado, tanto el pastor Bill Riedel de Redeption Hill Church, como el pastor y autor Justin Burkholder proponen que Lucas nos da una buena razón en Hechos capítulo 2 para pensar que la comunión puede ser practicada en línea.

El argumento es el siguiente, debido a que Hechos 20 utiliza la frase *partir el pan* para hablar del sacramento de la comunión, entonces, sin lugar a duda, Hechos 2 se refiere a lo mismo. Por otro lado, Hechos 2 menciona que este partimiento del pan tenía lugar en las casas, por tanto, aunque no es el ideal, es válido celebrar la comunión en línea de forma descentralizada, puesto que tenemos evidencia bíblica que avala esta práctica.

Para comprender nuevamente el argumento, debemos familiarizarnos con los textos en cuestión:

> Y se dedicaban continuamente a las enseñanzas de los apóstoles, a la comunión, al partimiento del pan y a la oración. (Hechos 2:42)

---

nos encontramos, la realidad es que, si el argumento es verdadero, no necesita funcionar bajo el contexto de pandemia *per se.* Si el argumento es válido, es válido sin importar el contexto en el que vivimos. En este sentido, podría ser utilizado no solo en un contexto de pandemia, sino de forma continua. Esto también es cierto de los demás argumentos presentados. De otro modo, aquél que desea establecer un permiso provisional secundario al contexto en el que vivimos, tiene por delante una tarea todavía más compleja. Esto quiere decir que quien desea utilizar estos argumentos solo para la pandemia tendría que encontrar argumentos que sean específicamente válidos en el contexto de pandemia, y que al mismo tiempo no sean válidos en un contexto normal. Al momento, no conozco alguien que se haya dado a la tarea de demostrar bíblicamente este escenario. Aun quienes aceptan que en un contexto normal la comunión en línea no es lo ideal, tienden a utilizar los mismos argumentos que utilizan quienes llevan practicando la comunión en línea por años.

> Día tras día continuaban unánimes en el templo y partiendo el pan en los hogares, comían juntos con alegría y sencillez de corazón, alabando a Dios y hallando favor con todo el pueblo. Y el Señor añadía cada día al número de ellos los que iban siendo salvos. (Hechos 2:46-47)

Por otro lado, el texto en Hecho 20 dice lo siguiente:

> Y el primer día de la semana, cuando estábamos reunidos para partir el pan, Pablo les hablaba, pensando partir al día siguiente, y prolongó su discurso hasta la medianoche. (Hechos 20:7)

Es cierto que muchos de los comentaristas[15], e incluso de gran renombre como Juan Calvino[16] están de acuerdo en que el término *partir el pan (gr. klasai arton)* se refiere aquí a la celebración de la Santa Cena.

El argumento, en especial en el caso del pastor Burkholder, es que, para ser consistentes en nuestra exégesis, debemos tomar el significado de *partir el pan* en Hechos 20:7 y aplicarlo a Hechos 2:42, 46.

---

[15] Cleon L. Rogers, Cleon L. Rogers, and Fritz Rienecker, *The New Linguistic and Exegetical Key to the Greek New Testament* (Grand Rapids, MI: Zondervan Pub. House, 1998), 248; I. Howard Marshall, *The Acts of the Apostles: An Introduction and Commentary*, 1st American ed., The Tyndale New Testament commentaries (Grand Rapids, MI: W.B. Eerdmans Pub. Co, 1980), 325; Esther Chung-Kim and Todd R. Hains, eds., *Acts*, Reformation commentary on scripture New Testament VI (Downers Grove, IL: InterVarsity Press, 2014), 276–278; David Brown, A. R. Fausset, and Robert Jamieson, *A Commentary, Critical, Experimental, and Practical, on the Old and New Testaments: Acts–Revelation*, vol. VI (London; Glasgow: William Collins, Sons, & Company, Limited, n.d.), 147.

[16] John Calvin and Henry Beveridge, *Commentary upon the Acts of the Apostles*, vol. 2 (Bellingham, WA: Logos Bible Software, 2010), 235.

El pastor Burkholder explica su argumento de la siguiente manera, y cito:

> Aquí es, desde mi punto de vista, donde ha faltado consistencia en nuestra exégesis acerca de la Santa Cena.
>
> Hechos 2:46 dice: "Día tras día continuaban unánimes en el templo y partiendo el pan en los hogares, comían juntos con alegría y sencillez de corazón". Muchos han apelado a que la cena mencionada aquí no es la Cena del Señor, sino que simplemente era una comida. Sin embargo, luego argumentan con base en Hechos 20:7 ("El primer día de la semana, cuando estábamos reunidos para partir el pan...") que la cena debería ser cuando la asamblea está reunida, sin darse cuenta de que la frase usada en Hechos 20:7 es la misma usada en Hechos 2:46. ¿Por qué no asumir que Lucas tiene en mente lo mismo al usar la misma frase? Esta sería la lectura más sencilla.
>
> En ese sentido, hay dos opciones: (1) Lo narrado en Hechos 2 sí es un ejemplo de la iglesia tomando la Santa Cena de forma descentralizada (esto es, en expresiones de la iglesia local en hogares, y no necesariamente con toda la asamblea presente en el mismo lugar); o (2) el partimiento del pan de Hechos 20 no es la Cena del Señor y simplemente es una comida normal. No hay suficientes pistas textuales para discernir esto. Por lo tanto, la interpretación de asumir que sí se habla de la Cena del Señor en un pasaje y no en el otro es una exégesis caprichosa.
>
> Por lo tanto, se puede suponer que la iglesia primitiva entendió su identidad comunitaria no de forma presencial, de manera que todos tenían que estar en el mismo lugar para celebrar aquello que los unía, sino que entendieron su

> identidad comunitaria de manera espiritual. Esto es, el vínculo es el Espíritu, no el lugar ni la presencia de todos[17].

De un modo similar, el pastor Riedel asume esta postura interpretando *'partir el pan'* en Hechos 2 como la cena del Señor. Cito:

> [6.] Hay un precedente bíblico para la Cena del Señor mientras estamos dispersados.
>
> Hechos 2:42-47 muestra el poder del testimonio de la iglesia como comunidad, y que el testimonio de la iglesia no se limita a eventos individuales como asambleas. A medida que las personas se reunían en los patios del templo y partían el pan en sus hogares, sus corazones eran nutridos y alentados. Adoraban a Dios juntos, y "el Señor añadía cada día al número de ellos los que iban siendo salvos".
>
> Cada vez que los cristianos comparten una comida juntos, reflejan a Cristo como el que ha servido la mesa para su amistad y unidad, lo cual es una sombra de nuestra unidad en la Cena del Señor. Festejamos en anticipación del último banquete en las bodas del Cordero, y brindamos por nuestro Rey resucitado y su reino.
>
> Lo mismo se puede aplicar para la situación temporal mientras nuestras iglesias continúan reuniéndose con familias, grupos pequeños, o reuniones de Zoom. Alentamos a nuestros miembros a preparar lo mejor que puedan los elementos antes de que nuestros servicios comiencen, y a

---

[17] Justin Burkholder, «Por Qué Nuestra Iglesia Celebra La Santa Cena Por Videollamada», *Coalición Por El Evangelio*, May 6, 2020, https://www.coalicionporelevangelio.org/articulo/por-que-nuestra-iglesia-celebra-la-santa-cena-por-videollamada/.

> prepararse lo mejor que puedan para participar durante todo el servicio.[18]

Así pues, este argumento propone que, si la frase *partir el pan* en Hechos 20 significa la cena del Señor, luego entonces, la misma frase significa lo mismo en Hechos 2, y así, existe un precedente para aquellos que desean practicar la comunión desde sus hogares, o bien, dispersos.

## Argumento teológico

El argumento teológico puede encontrar su base en la confesión de fe de Westminster y con los textos allí citados. Básicamente, el argumento teológico dice que si la adoración no está sujeta a un lugar específico, y el poder del sacramento no está en quien lo imparte, entonces no debe haber problema en administrar la comunión en línea.

Las secciones de la confesión con las que debemos familiarizarnos para comprender este argumento son los siguientes:

> XXI.vi. Ahora bajo el Evangelio, ni la oración ni ninguna otra parte de la adoración religiosa están limitados a un lugar, ni son más aceptables por el lugar en que se realizan, o hacia el cual se dirigen; (Jn 4:21) sino que Dios ha de ser adorado en todas partes (Mal 1:11; 1 Ti 2:8) en espíritu y en verdad; (Jn 4:23,24) tanto en lo privado en las en las familias (Jer 10:25; Deu 6:6,7; Job 1:5; 2 Sa 6:18-20; 1 Pe 3:7; Hec 10:2) diariamente, (Mat 6:11) y en secreto cada uno por sí

[18] Riedel, «Practicando Las Ordenanzas En Una Pandemia», *Coalición Por El Evangelio,* Abril 2020, https://www.coalicionporelevangelio.org/articulo/practicando-las-ordenanzas-en-una-pandemia/.

mismo; (Mat 6:6; Ef 6:18) así como de una manera más solemne en las reuniones públicas, las cuales no han de descuidarse ni abandonarse voluntariamente o por negligencia, cuando Dios por su palabra y providencia nos llama a ellas (Is 56:6,7; He 10:25; Pro 1:20,21,24; 8:34; Hec 13:42; Lc 4:16; Hec 2:42).

XXVII.iii. La gracia que se manifiesta en los sacramentos o por ellos, mediante su uso correcto no se confiere por algún poder que hay en ellos; ni depende la eficacia de un sacramento de la piedad o intención del que lo administra, (Ro 2:28,29; 1 Pe 3:21) sino de la obra del Espíritu, (Mat 3:11; 1 Co 12:13) y de la palabra de la institución; la cual contiene junto con un precepto que autoriza el uso del sacramento, una promesa de bendición para los que lo reciben dignamente (Mat 26:27,28; 28:19,20).

La primera sección (21.6) enfatiza la descentralización de la adoración como no estando ligada al templo o a Jerusalén. Básicamente nos dice, que la adoración puede darse en cualquier lugar. La segunda sección nos habla sobre el hecho de que es únicamente a través del poder del Espíritu Santo que los sacramentos funcionan.

Nuevamente, el pastor Riedel parece estar utilizando este argumento teológico cuando dice:

[3.] No somos sacerdotales

Los elementos en sí no obtienen ningún poder especial de mis manos porque soy pastor. A la luz de este desafío temporal, aunque no podemos estar juntos físicamente, seguimos creyendo en el sacerdocio de todos los creyentes y en la importancia del estímulo que los cristianos reciben a través de la Cena del Señor[19].

De modo que, el argumento simplificado es, debido a que la adoración y sus elementos no están atados a un lugar y que no existe un poder especial porque sea el pastor el que administre la cena, entonces, no debe haber problema con que, desde sus casas, y administrada por el padre de familia o hermano mayor en la fe, este sacramento se lleve a cabo a través de medios electrónicos.

## Argumento práctico

Así pues, llegamos finalmente al argumento práctico. Es decir que, considerando todo lo anterior, además de mayor evidencia bíblica, se arguye que tomar la cena por medios electrónicos es permisible, y sobretodo útil en este contexto, por tanto, debemos hacerlo.

Existe un común denominador entre el desarrollo del argumento a favor de la práctica de la comunión en línea entre quienes defienden esta postura. En primer lugar, se acepta que no es el ideal. En segundo lugar, se trae a colación y se enfatiza la presencia espiritual sobre la presencia física[20]. En tercer lugar, se reafirma la utilidad de conservar de algún modo el sacramento para la iglesia en estos tiempos[21]. Como resultado, practicar la cena en línea,

---

[19] Ibid.

[20] Chris Ridgeway, «Online Communion Can Still Be Sacramental: The Bread and the Cup Zoomed for You.», *Christianity Today*, March 27, 2020, https://www.christianitytoday.com/ct/2020/march-web-only/online-communion-can-still-be-sacramental.html.

[21] De nueva cuenta, tanto Ried como Brukholder sigen este patrón a la hora de defender su postura. Ver, Riedel, "Ordenanzas En Tiempo de Pandemia"; Burkholder, "Santa Cena Por Videollamada."

aunque no es el ideal, es práctico en nuestro contexto, por tanto, debemos hacerlo.

A continuación, revisaremos cada uno de esas declaraciones para ver lo que aportan al argumento más grande.

**El ideal y lo posible**

Primero, la tendencia es a aceptar que la práctica de la comunión en línea no es el ideal. No es lo mejor, y si fuera posible, se debería hacer de forma presencial. Parece que el objetivo de este primer punto es empatizar con quienes rechazan la postura. Verdaderamente este es un punto de acuerdo entre ambas partes. Ahora bien, las conclusiones o aplicaciones de este punto en común pueden variar.

Por ejemplo, Riedel comenta que:

> De la misma manera que no es ideal administrar la Cena del Señor individualmente para los enfermos y encerrados, es mejor que privar a un santo en sufrimiento del alimento espiritual que viene a través de la ordenanza, por lo que puede ser mejor practicar una sombra de nuestras reuniones mientras nos vemos obligados a estar dispersos[22].

Este pensamiento, lleva a Riedel a considerar que la administración de la cena en línea, aunque una simple sombra de la administración ideal de la comunión, es mejor que ninguna administración en absoluto. Por otro lado, el proceso de pensamiento de Burkholder es un poco distinto. El afirma que:

---

[22] Riedel, "Ordenanzas En Tiempo de Pandemia."

> En primer lugar, ninguno de nosotros aboga que esto es ideal. De hecho, yo también afirmaría que con la capacidad de reunirnos físicamente, esta sí sería una práctica que restaría importancia a la iglesia local. Hay un ideal y, al mismo tiempo, la iglesia tiene que tomar decisiones con base en la urgencia o peculiaridad de la situación.
>
> Las mismas confesiones de fe protestantes entienden este principio. Tanto la Segunda Confesión Bautista de Londres como la Confesión de Westminster dicen:
>
> … hay algunas circunstancias tocantes a la adoración de Dios y al gobierno de la Iglesia, comunes a las acciones y sociedades humanas, que han de determinarse conforme a la luz de la naturaleza y de la prudencia cristiana, según las normas generales de la Palabra, que han de guardarse siempre.
>
> En ese sentido, consideramos que hemos guardado las normas generales de la Palabra y que hemos tenido que determinar la práctica de esta ordenanza conforme a la luz de la naturaleza de los acontecimientos actuales y de la prudencia cristiana para este tiempo.
>
> Cuando la sociedad humana vuelva a la regularidad, entonces con seguridad volveremos a la práctica ideal de la ordenanza de la Santa Cena. ¿Estamos reunidos en videollamada? ¡Claro que sí! ¿Es ideal reunirnos así? ¡Claro que no![23].

En ambos casos, se acepta que la cena en línea no es el ideal, y sin embargo es la mejor opción en el contexto en que vivimos. Por otro lado, mientras que Riedel argumenta que

[23] Burkholder, "Santa Cena Por Videollamada."

una sombra es mejor que nada, Burkholder afirma que el tomar la comunión en línea no rompe con las normas generales de la Palabra (CFW. 1.6).

**La presencia espiritual**

¿Es necesaria la fisicalidad? Esta es quizá una de las preguntas más importantes en este debate. Para los proponentes de la comunión en línea, la respuesta (con mayor o menor fuerza) termina por ser un: *no.*

En este caso, el énfasis se hace en la presencia espiritual que una persona puede tener con otra a distancia. Regularmente, uno (o más) de cuatro casos son considerados.

1. Mateo 18:20: «Porque donde están dos o tres reunidos en mi nombre, *allí estoy yo* en medio de ellos».
2. Mateo 28:19-20: «Id, pues, y haced discípulos de todas las naciones, bautizándolos en el nombre del Padre y del Hijo y del Espíritu Santo, enseñándoles a guardar todo lo que os he mandado; y *he aquí, yo estoy con vosotros todos los días*, hasta el fin del mundo».
3. 1 Corintios 5:4: «En el nombre de nuestro Señor Jesús, cuando vosotros estéis reunidos, y *yo con vosotros en espíritu*, con el poder de nuestro Señor Jesús [...]».
4. Colosenses 2:5: «Porque *aunque estoy ausente en el cuerpo, sin embargo estoy con vosotros en espíritu,*

> regocijándome al ver vuestra buena disciplina y la estabilidad de vuestra fe en Cristo»[24].

Con estos textos en mente, el argumento dice que, si en estos contextos puede existir presencia espiritual entre hermanos en Cristo, luego entonces, las asambleas en línea no son distintas. Es decir, las asambleas en línea o «servicios online» también enfatizan nuestra comunión espiritual, aunque no podamos disfrutar de una comunión física.

Lo que, es más, si este tipo de comunión no es válida (el argumento sigue), luego la pregunta es: ¿qué sentido o utilidad tiene continuar con los «servicios online»? Si esto no es una asamblea real de culto público de adoración, ¿qué es lo que hemos estado haciendo desde que inició la pandemia?

Son las respuestas a estas preguntas, por lo menos de manera implícita, las que hacen la siguiente parte del argumento.

**La utilidad de la comunión en línea**

Si nuestras asambleas digitales están caracterizadas por la comunión espiritual entre los creyentes, y estas asambleas son útiles para la iglesia, luego entonces la administración de la comunión por medios digitales debe ser también válida y útil, y, por tanto, no solo es posible, sino tenemos la responsabilidad de administrarla. Burkholder termina, pues, su artículo con una pregunta que, después de haber leído sus argumentos, parece tener una sola respuesta lógica:

---

[24] Énfasis personal agregado en los cuatro textos proporcionados.

> Además, ¿qué es menos ideal entre tomar la Santa Cena vía virtual y no tomarla? ¿No será que estamos negándole el pan y la copa a la iglesia cuando hemos sido provistos con tantas otras formas poco ideales para congregarnos en estos tiempos?[25].

Esta pregunta tiene el propósito de resonar en nuestras mentes como una llamada de atención. Si puedo tomar el atrevimiento de leer entre líneas, la pregunta al final del día es: *¿estamos siendo fieles al Señor con este sacramento en medio de esta temporada de pandemia?*

Aprecio totalmente la pregunta. La realidad es que este mismo escrito tiene por propósito que nos hagamos una pregunta similar. Y el revisar los argumentos a favor de la comunión digital es un muy buen inicio para poder tomar una decisión informada al respecto. Ahora bien, no podemos quedarnos con esto. Debemos obedecer el precepto de escudriñar las Escrituras (Hec 17:11) y discernir si estos argumentos tienen el peso suficiente para llevarnos a comenzar o continuar tal práctica en nuestra congregación. Esto es lo que haremos en la siguiente sección.

---

[25] Burkholder, "Santa Cena Por Videollamada."

# CENA EN LÍNEA: UNA RESPUESTA

*«Justo parece el primero que defiende su causa hasta que otro viene y lo examina.»*

*~Proverbios 18:17*

La Palabra de Dios está llena de advertencias contra actuar demasiado rápido tras escuchar una versión de la historia. Tenemos llamados a que las acusaciones sean por cuenta de varios testigos (Mat 18:16), a escuchar antes de actuar (Sant 1:19), a emitir un juicio justo (Deu 1:16), etcétera. Hemos escuchado a la contraparte. Hemos leído sus argumentos, en muchos casos, citando textualmente y en contexto a los autores. Habiendo ya reflexionado sobre la suprema importancia del tema en cuestión, y tomado en consideración los argumentos más fuertes a favor de una cena en línea, nos avocaremos, sin más, a dar respuesta a cada uno de los argumentos proporcionados. Para la facilidad del lector, la estructura que trataré de llevar será la siguiente: primero, resumiremos el argumento en cuestión. Después, revisaremos los aspectos positivos que cada postura presenta. Luego, veremos los problemas básicos con dicho argumento a la luz de la Palabra de Dios. Finalmente, si es adecuado, expandiremos en más argumentos contra ciertas líneas de argumentación a favor de la comunión digital. Trataremos de hacer todo esto con amor y gracia, pero siempre siendo fieles a las Escrituras.

## Argumento histórico-redentor

### Resumen

Los elementos de continuidad entre la Pascua y la santa cena, junto con las múltiples referencias sobre la realidad de que la Pascua fue instituida para ser practicada en familia, y en casas, llevan al argumento histórico-redentor a demostrar la validez practicar la comunión en un contexto de casa y en familia, como sucede en la comunión en línea.

### Aspectos Positivos

Cualquier argumento que tome en cuenta la historia pasada de la iglesia desde el Antiguo Testamento debe ser considerado de forma seria. Este tipo de argumentos son producto de un pensamiento que ve continuidad entre el pueblo del antiguo pacto y el nuevo pacto. De una forma muy real, el pueblo de Dios siempre ha sido *uno* cuya característica más importante es la fe. Así como quienes defienden este argumento regularmente ven continuidad entre el pueblo de Dios en el Antiguo y Nuevo Testamentos, también tienden a percibir cierta continuidad entre los sacramentos o ritos del antiguo y nuevo pacto. Esta es una continuidad en la que regularmente hacemos mucho énfasis cuando hablamos del bautismo. Como reformados, y más aún, presbiterianos, la relación entre la circuncisión y el bautismo es bien conocida por los teólogos del pacto.

El percibir continuidad entre los pactos, los pueblos del pacto, y los ritos del pacto es algo bueno. Especialmente en un evangelicalismo latinoamericano prácticamente dominado por teología dispensacional; una teología que tiende a desconectar casi por completo el antiguo del nuevo pacto. Sin embargo, la continuidad siempre tiene límites. Y no todo es exactamente igual del antiguo al nuevo pacto. Después de todo, deben existir algunos aspectos que sean realmente distintos. Así pues, debemos tener una postura balanceada que tome en consideración los aspectos de continuidad, sin que ignoremos los aspectos de discontinuidad[26].

## Respuesta

Si bien existen muchos elementos de continuidad entre la Pascua y la comunión, también reconocemos que existen diferencias entre ambas instituciones[27].

---

[26] Para leer una de las mejores evaluaciones acerca de la continuidad y la relación entre la Cena del Señor y la Pascua, ver Andreas J. Köstenberger, "Was the Lord's Supper a Passover Meal? [¿Fue La Cena Del Señor Una Comida Pascual?]," in *The Lord's Supper: Remembering and Proclaiming Christ Until He Comes*, ed. Thomas R. Schreiner and Matthew R. Crawford, NAC studies in Bible & theology 10 (Nashville, TN: B&H Academic, 2010), 6–30.

[27] Waters and Duncan, *Children and the Lord's Supper*, 31–57; James Bannerman, *Church of Christ: A Treatise in the Nature, Powers, Ordinances, Discipline, and Government of the Christian Church* (Pretoria, IL: Banner of Truth Trust, 2015), 641–645; Herman Bavinck, *Reformed Dogmatics: Holy Spirit, Church and New Creation*, ed. John Bolt, trans. John Vriend, vol. Vol. IV (Grand Rapids, MI: Baker Academic, 2003), 540–544.

Por mencionar algunos ejemplos, la Pascua fue dada para el pueblo de Israel, y los gentiles no podían participar a menos que consintieran primero circuncidarse (Ex 12:43-50). Además, la Pascua tenía muchos más elementos que la Santa Cena. Consideremos los panes sin levadura, la carne del cordero, la sangre en los dinteles, las hierbas amargas, el tener que comerlas con las vestimentas en una forma específica, así como la interacción entre el menor de la familia quien debía preguntar a su padre el significado de todos estos elementos. En la Comunión, todos estos elementos parecen convenir y reducirse a dos, el pan y la copa. Siguiendo la comparación, la Pascua habría de celebrarse una vez al año, y estaba rodeada de otra celebración similar y relacionada (pero no idéntica) llamada la fiesta de los panes sin levadura, la cual duraba siete días. Nada de esto es cierto sobre la Comunión.

Finalmente, si bien la Pascua era celebrada en la familia nuclear, la Santa Cena fue diseñada para celebrarse en el contexto de la familia en Cristo, representada en el Nuevo Testamento como la iglesia local. No tenemos una sola evidencia en el Nuevo Testamento en donde la comunión se haya practicado en el contexto de familia nuclear[28]. Más bien, la primera cena es conformada por aquellos que formarían la primera expresión de la iglesia local en el Nuevo Testamento: Jesús con los doce. Parece que la imagen de la familia nuclear en el Antiguo Testamento no es más que una sombra de aquello que vendría en el nuevo. Notemos que las referencias a iglesias locales con títulos

[28] Esto no quiere decir que la familia nuclear no sea importante en el Nuevo Testamento (*cf.* Mr 10:14; Hec 2:39, 11:14, 16:15, 31; 1 Co 7:14; *et al.*), sino que es que la familia espiritual con su expresión en la iglesia local la que se ve cada que la Santa Cena es practicada.

familiares como *hermanos (225 veces), hijos en la fe (>70 veces), la mujer elegida y sus hijos (2 Jn 1, 4, 5, 13)*, y otros sobreabundan en el Nuevo Testamento. Más aún, tenemos la declaración de Cristo que es la familia de la fe la que realmente es considerada *familia* (Mat 12:46-50; Mr 3:31-35; Lc 8:19-21).

Generalmente, en lo respectivo a los sacramentos, los elementos de continuidad entre el Antiguo y el Nuevo Testamento tienden a ser generales, mientras que los elementos de discontinuidad tienden a ser particulares. Así pues, tomar los elementos particulares de la práctica de la pascua en casa y en la familia nuclear para aplicarla a la práctica del Nuevo Testamento de la comunión, es una inversión de esta regla general, y no responde a una metodología correcta de interpretación bíblica.

Hacer esto trae más problemas que soluciones. Si deseamos aplicar el uso de la casa y la familia nuclear, ¿qué hacemos después con el resto de los elementos de discontinuidad? ¿Qué hacemos con las hierbas amargas? ¿Qué hacemos con la posición o vestimenta con la que debemos de comer la Pascua? ¿Qué hacemos con el sacrificio del becerro? ¿Qué de pintar nuestras puertas con sangre?

Más allá de esto, existe otro ángulo que este tipo de argumentación que ve hacia el pasado para modelar su presente está perdiendo de vista: la esperanza futura. Es decir, así como en el sacramento del bautismo vemos una evolución y expansión entre quienes reciben la circuncisión en el Antiguo Testamento y el bautismo en el Nuevo[29], algo

[29] En el Antiguo Testamento, solo los varones reciben la marca de la circuncisión, mientras que, en el Nuevo, las mujeres ahora también pueden y deben recibir el bautismo.

similar sucede con la comunión. En el Antiguo Testamento se ve la práctica de la Pascua en el contexto de la familia nuclear, en el Nuevo, en el contexto de la familia en Cristo representada por la iglesia local. Sin embargo, la historia no termina allí.

El sacramento de la comunión tiene como propósito también hacernos anhelar otro festín que se ha prometido para los hijos de Dios. En la Nueva Jerusalén, la iglesia universal, la familia completa participará en el festín de las Bodas del Cordero (Ap. 19:6-9). Así vemos que el argumento Histórico-Redentor, lejos de llevarnos a regresar a las costumbres y prácticas del Antiguo Pacto, está diseñado para hacernos anhelar y esperar gozosos el cumplimiento final de las promesas del Nuevo Pacto[30].

Interesantemente, esta actitud que busca regresar a las prácticas del antiguo pacto por parecer más seguras o más tangibles, mientras olvidamos las promesas invisibles que vienen por la fe, es precisamente contra la cual escribe el autor de la epístola a los Hebreos[31]. Si bien el deseo de

---

[30] Bryan Vickers, "The Lord's Supper: Celebrating Past and Future in the Present [La Cena Del Señor: Celebrando El Pasado y Futuro En El Presente]," in *The Lord's Supper: Remembering and Proclaiming Christ Until He Comes*, ed. Thomas R. Schreiner and Matthew R. Crawford, NAC studies in Bible & theology 10 (Nashville, TN: B&H Academic, 2010), 313–340.

[31] Para leer algunos buenos comentarios sobre la Epístola a los Hebreos, ver Paul Ellingworth, *The Epistle to the Hebrews: A Commentary on the Greek Text*, The New international Greek Testament commentary (Grand Rapids, MI: W.B. Eerdmans, 1993); F. F. Bruce, *The Epistle to the Hebrews*, Eerdmans classic biblical commentaries edition., Eerdmans classic biblical commentaries (Grand Rapids, MI: Eerdmans, 2018); Thomas Schreiner, *Hebrews: Evangelical Biblical Theology Commentary*, Evangelical Biblical Theology Commentary (Bellingham, WA: Lexham Press, 2020); Harold W. Attridge, *The Epistle to the Hebrews: A Commentary on the*

practicar la comunión en tiempos difíciles es un deseo bueno y santo, debemos cuidar que tanto la forma como el fondo de lo que deseamos hacer va conforme a lo establecido por Dios en su Palabra. Y en el caso del argumento Histórico-Redentor, parece que no es así. Un argumento Histórico-Redentor consistente no nos lleva solo hacia el Antiguo Pacto para recordar la gracia maravillosa de Dios, sino que nos mantiene en el Nuevo Pacto con esperanza hacia el futuro cumplimiento de sus promesas.

## Argumento exegético

Adentrarnos a temas exegéticos puede llevarnos a un laberinto de términos técnicos que terminarán por confundir al lector. Aunque no es mi intención hacer esto, por otro lado, es inevitable explicar la exégesis de un pasaje sin usar por lo menos algunas categorías gramaticales. En la respuesta al Argumento Exegético, trato de exponer estas categorías de la manera más simplificada posible, y ruego me perdone el lector cuando yo no haya conseguido esto.

Si usted está en una posición dentro de la iglesia en la que ejerce algún tipo de liderazgo, gobierno o enseñanza, la aproximación que encontrará a continuación le ayudará a comprender algunas categorías exegéticas (para descubrir el significado de los textos) que le serán útiles en su ministerio. Así pues, siendo este es su caso, mi recomendación es que haga lo posible por leer y comprender el contra-argumento o respuesta exegética.

---

*Epistle to the Hebrews*, ed. Helmut Koester, Hermeneia: A Critical and Historical Commentary on the Bible (Philadelphia, PA: Fortress Press, 1989).

Por otro lado, si el lector está comenzando en la fe o no forma parte del liderazgo o gobierno de la iglesia, no quiero que se desanime. Por este motivo al final del contra argumento se presenta un breve resumen de mis conclusiones exegéticas. Si la discusión resulta compleja y cansada, le sugiero la ignore por ahora, y vaya a las conclusiones directamente. Este material siempre estará aquí para cuando usted se sienta listo para regresar.

**Resumen**

El argumento exegético a favor de la cena en línea propone que, si la frase *partir el pan* en Hechos 20 significa la cena del Señor, luego entonces, la misma frase significa lo mismo en Hechos 2, y así, existe un precedente para aquellos que desean practicar la comunión desde sus hogares, o bien, dispersos.

**Aspectos Positivos**

Existe una diferencia fundamental entre aquellos que llevan practicando la comunión en línea por cuestiones puramente pragmáticas y quienes han tomado la decisión relativamente en tiempos recientes. La mayoría de quienes llevan practicando esto desde años atrás y por cuestiones pragmáticas tienden a fundamentar esta práctica en la comodidad de la comunidad a la que ministran. Si bien no hay nada malo en desear facilitar las cosas para nuestra comunidad[32], el principal motor para adoptar una práctica debe ser la correcta exégesis de la Escritura.

---

[32] Un buen ejemplo de esto es la simplificación de la enseñanza en una escuela dominical o bien en una predicación. La facilitación de algo no es necesariamente mala.

En este sentido, quienes abogan por un argumento exegético, deben ser reconocidos por querer fundamentar su práctica en la Escritura, y no solo en los aspectos pragmáticos de la misma. Ellos anhelan cimentar sus decisiones en la Biblia. No quieren partir de la *Sola Scriptura*. La Biblia sigue siendo el máximo estándar de verdad. Y esto es algo que siempre debemos reconocer, aplaudir y exhortar. Además, el hecho de que estén haciendo un argumento exegético, independientemente de si estamos o no de acuerdo con la exégesis, provee un fundamento común para poder aportar a la conversación y agudizar nuestros argumentos, como un hierro, afila a otro (Prov 27:17). En ese aspecto, y con ese mismo espíritu, la conversación entre diferentes posturas exegéticas, siempre que ambas adopten la autoridad e inerrancia bíblica (2 Ti 3:16), es una que edifica y no destruye (Ef 4:29). Y hacia este tipo de conversación tornamos ahora nuestra atención.

### Respuesta

Si bien concedemos que la frase *partir el pan* en Hechos 20 hace referencia a la Cena del Señor, no concedemos que eso nos lleve a la conclusión de que una frase similar en Hechos 2 haga referencia a lo mismo.

La razón por la que determinamos que *partir el pan* en Hechos 20 habla de la comunión es porque, en el contexto del pasaje y del Nuevo Testamento, parece que hay suficientes pistas exegéticas para llegar a esa conclusión.

En Hechos capítulo 20, el verso 7 comienza con la frase: *el primer día de la semana*. Esta misma frase se utiliza en otros pasajes para referirse al día del Señor, pues es el día en el que Jesús resucitó de entre los muertos (Mt 28:1; Mr 16:1-2; Lc 24:1; 1 Co 16:2; Ap 1:10). Además, el uso del infinitivo en el griego en la frase 'partir el pan' (*klasai arton)*, viene al español indicando uno de los propósitos específicos de aquella reunión, es decir, *para partir el pan.* Más aún, en este mismo pasaje tenemos a un apóstol hablando de manera pública a una congregación reunida. Esto parece una reunión muy similar a la que nosotros tenemos generalmente los domingos (por lo menos antes de COVID). Sin embargo, existe una última pista textual a considerar.

El verso 7 nos dice que el sermón de Pablo[33] se prolongó hasta la media noche, y el verso 11 nos indica que el 'partimiento del pan' se hizo después. No tenemos evidencia en literatura con la que yo esté familiarizado que muestre que en el mundo Greco-Romano del primer siglo las personas acostumbraran a comer en la media noche. Mucho menos que se junten con ese propósito en mente. Más bien parece un acto deliberado de adoración, donde se participó de la Cena del Señor. Ahora bien, llegamos a esta conclusión porque las pistas contextuales nos ayudan a ello. En contraposición, veamos las pistas contextuales de Hechos 2:42 y Hechos 2:46.

En Hechos 2, tenemos el primer gran sermón del apóstol Pedro después del evento de Pentecostés. El verso 41 nos indica que, aproximadamente, tres mil almas fueron añadidas a la iglesia en aquel día. El verso 42 parece indicar un nuevo aspecto temporal a la narrativa cuando la traducción añade la palabra *continuamente.*

Sin profundizar en elementos sumamente técnicos, la mayoría de la narrativa hasta ese punto utiliza tiempos

---

[33] Bock también sostiene que el monólogo de Pablo era un sermón. Ver, Darrell L. Bock, *Acts*, Baker exegetical commentary on the New Testament (Grand Rapids, Mich: Baker Academic, 2007), 619.

aoristo y perfecto, que nos dan la idea de eventos que ocurrieron y fueron completados en el pasado. Al llegar a este punto, Lucas, el autor de Hechos, comienza a utilizar el pasado imperfecto. Este cambio en la narrativa de eventos que ocurrieron y finalizaron en el pasado terminó, y ahora esta comenzando a explicar eventos que comenzaron en el pasado, pero que tienen un aspecto de continuidad[34]. La importancia de este cambio es la siguiente: lo más probable, es que Lucas esté describiendo los *resultados* de los hechos narrados del 2:1-2:41, en una forma resumida en el verso 42.

De este modo, es posible que en el verso 42, la frase *partimiento del pan* haga referencia a la Comunión. Sin embargo, sin tener suficientes pistas textuales para asegurarlo, no es un texto de mucha utilidad para argumentar, ni a favor, ni en contra.

Más aún, los versos 43-47 continúan con el uso de tiempos imperfectos, mostrándonos eventos que, más que ocurrir el mismo día del sermón de Pedro, nos describen la vida de la comunidad de creyentes *después* del primer sermón (por eso el aspecto de continuidad). Esta idea se ve más claramente por el uso de las frases *día tras día* en el verso 46, y *cada día* en el verso 47, las cuales ambas vienen de la misma construcción en griego *kath' hēmeran.* Es decir,

---

[34] Técnicamente, la forma gramatical utilizada en esta instancia es un *Imperfecto Perifrástico.* Algo similar al pretérito continuo en el español, '*estaba corriendo*' (que proporciona la idea de que comencé a correr en el pasado, pero sin especificar en qué momento dejé de hacerlo). Ver, Archibald T Robertson, *A Grammar of the Greek New Testament in the Light of Historical Research* (Nashville, TN: Broadman, 1980), 887–888; Daniel B Wallace, *Greek Grammar beyond the Basics an Exegetical Syntax of the New Testament; with Scripture, Subject and Greek Word Indexes* (Grand Rapids, MI: Zondervan, 2008), 647–648.

Lucas nos está mostrando cómo era 'la vida diaria', *la vida día tras día*, de la primera comunidad cristiana después de Pentecostés.

Es en este contexto que encontramos la frase *partiendo el pan en los hogares, comían juntos*. Es importante que veamos esta frase como una unidad gramatical: [Los nuevos creyentes] *día tras día [...] partiendo el pan en los hogares, comían juntos.*

Revisemos las partes de esta oración.

El sujeto, sin duda sigue siendo el colectivo de tres mil creyentes del verso 41. Ahora bien, ¿cuál es el verbo central aquí? La construcción en griego muestra dos formas verbales: *partiendo (gr. klōntes)* y *comían juntos (gr. metelambanon trophēs; lit.* se juntaban a comer*)*.

Una regla gramatical simple y casi siempre efectiva es que cuando tenemos un verbo indicativo y un verbo en participio en la misma oración, el verbo indicativo tiende a ser el verbo central. El verbo indicativo es, básicamente, una forma verbal simple. El participio es también conocido como un adjetivo verbal y tiende a mostrarte por las terminaciones *-ía* (corría) o *-aba* (amaba), o por el uso de las terminaciones *-ndo* (corriendo) en el español. En muchas ocasiones, la función de un participio es adverbial. Esto quiere decir que el participio está describiendo al verbo central.

Por ejemplo, en la construcción: «*El muchacho corre viendo la meta*», «corre» es mi verbo central, mientras que «viendo» describe al verbo correr. ¿Cómo corría el muchacho? *Viendo* la meta.

Si bien en el español a veces es difícil determinar cuál es el verbo central y cual es el participio en una oración (pues algunas de sus formas escritas son muy similares), en el griego este no es el caso. El griego nos muestra de forma clara y contundente que *metelambanon trophēs*, es decir, *comían juntos* es el verbo central[35], mientras que *klōntes [arton]*, o, *partiendo [el pan]*, es el participio[36].

¿Cuál es el significado práctico y exegético de esto? Lo que todo esto significa es que los creyentes estaban comiendo juntos día tras día, y la manera como lo hacían era «partiendo el pan».

En conclusión, si bien es cierto que la frase *partir el pan* en el verso 42 puede significar el sacramento de la comunión, la frase *partiendo el pan* en el verso 46 es mucho más difícil que esté necesaria e inconfundiblemente relacionada con el sacramento. Esto ha llevado a exegetas tanto antiguos como modernos a preferir la interpretación de que, en el caso de Hechos 2:46, Lucas está hablando simplemente de la acción cotidiana de compartir los alimentos[37], interpretación a la cual el mismo Juan Calvino llega comentando que «...sobre lo que algunos piensan que este texto hace referencia a la Santa Cena, eso a mí me parece muy lejos de la intención de Lucas»[38].

Así pues, aunque el texto en Hechos 20:7 parece hablar de la Comunión, los textos en Hechos 2:42, y Hechos 2:46 son mucho más obscuros, y por tanto no es prudente tomarlos para construir una doctrina con ellos como base.

---

[35] En tiempo imperfecto, activo, indicativo para la tercera persona del plural.

[36] En tiempo presente, activo, indicativo, caso nominativo, masculino y plural

[37] Martin M. Culy y Mikeal Carl Parsons, *Acts: A Handbook on the Greek Text*, 1st ed. (Waco, Tex: Baylor University Press, 2003), 47–48; Bock, *Acts*, 153–154.

[38] John Calvin y Henry Beveridge, *Commentary upon the Acts of the Apostles*, vol. 1 (Bellingham, WA: Logos Bible Software, 2010), 89.

Aunque la discusión sobre la exégesis de estos textos puede parecer confusa e innecesaria, sirve a un propósito mayor: demostrar la tremenda exageración del pastor Burkholder al asegurar que, o bien interpretamos la misma frase en dos lugares del mismo modo, o somos inconsistentes. No es tan simple. Esta falacia exegética es descrita por D. A. Carson en su libro *Falacias Exegéticas*[39], y por Moisés Silva en *Dios, Lenguaje y Escritura*[40]. Pero en lugar de entrar a las cuestiones técnicas sobre cómo es que esta falacia tiene lugar, veamos un ejemplo claro.

El profesor de Nuevo Testamento y especialista en el libro de Hechos, Dr. Robert Cara, utiliza este ejemplo de forma regular para explicar este error exegético:

> Pongamos de ejemplo al apóstol Pablo. Generalmente, él usa la palabra *carne* para hablar de la naturaleza pecaminosa (Ro 7:14; 1 Co 3:1; Ga 5:16-21, *et al.*). Sin embargo, Pablo dice que Dios fue manifestado en la carne (1 Ti 3:16).

Utilizando el razonamiento expuesto en el artículo del pastor Burkholder, para ser «consistentes» tendríamos que llegar a la conclusión de que Dios fue manifestado en la naturaleza pecaminosa. Eso, por supuesto, es una herejía[41].

Esto sucede porque las palabras tienes un significado más o menos consistente, pero no siempre igual. Una

---

[39] Catalogaría lo que hace el pastor Burkholder como una *Restricción Injustificada del Campo Semántico*, ver D. A. Carson, *Exegetical Fallacies*, 2nd ed. (Carlisle, UK : Grand Rapids, MI: Paternoster ; Baker Books, 1996), 57–61.

[40] Moisés Silva, "God, Language, and Scripture," in *Foundations of Contemporary Interpretation*, ed. Moisés Silva (Grand Rapids, Mich: Zondervan Pub. House, 1996), 245–251.

[41] ¡Herejía que, estoy seguro, Burkholder sería de los primeros en denunciar!

palabra o frase puede tener más de un significado y es el contexto en el que la palabra está siendo utilizada el que nos ayudará a determinar el mejor significado al momento de interpretar o traducir un texto. Este es un fenómeno conocido como *rango semántico.* El problema con el argumento presentado por el pastor Burkholder, es que no toma en cuenta el rango semántico de la frase 'partir el pan'. Así vemos que argumento exegético expuesto a favor de la cena en línea es bastante débil, y quizá hasta un poco irresponsable, pues termina por enseñar a sus lectores una forma errada de hacer exégesis.

Ahora bien, supongamos solo por el bien del argumento, que la exégesis es correcta y Lucas se refiere en Hechos 2:46 a la Santa Cena. Por tanto, tomamos ese texto para 'probar' que la comunión descentralizada en casas y en familias es algo que aplica para la iglesia hoy. Para ser consistentes y aplicar el resto del pasaje, ¿cómo aplicamos el hablar en lenguas al inicio del capítulo 2? ¿Cómo aplicamos las conversiones masivas? ¿Cómo aplicamos el vender todo lo que tenemos y compartir todos nuestros bienes como menciona el versículo anterior (Hch. 2:45)? Si no aplicamos todo lo demás, ¿por qué estamos siendo selectivos entre lo que sí queremos aplicar para defender una práctica nueva, y nos abstenemos de aplicar el resto del pasaje del mismo modo? Más aún, ¿cómo defendemos que esto aplica ahora que estamos en pandemia, pero no mañana que la prohibición de reunirse ya no esté? ¿Cómo vemos *eso* en el pasaje? Por un lado, aprecio el esfuerzo y llamado a ser consistentes en nuestra exégesis. Por otro, la realidad es que una consistencia exegética real será reflejada en una consistencia en nuestra aplicación[42].

Para esto, hay que recordar cuál es el propósito del Lucas al escribir el libro, y la sección particular que estamos estudiando. Dado que el prefacio de Hechos (1:1) parece una continuación del evangelio de Lucas, el propósito general de hechos parece ser el mismo que el expuesto en el prefacio del evangelio de Lucas (Lc 1:1-4), a saber, que Teófilo conozca la verdad acerca de las cosas que le enseñaron. Por otro lado, el propósito de la sección en cuestión, como expusimos anteriormente, parece ser mostrar cómo el Espíritu Santo, a través del instrumento de la predicación de Pedro, obró en la iglesia primitiva para su crecimiento en número (v. 41), en madurez (v.42), y en comunidad (vv. 43-47).

¿Cómo interpretamos entonces Hechos 2:46 para nuestra iglesia? Mientras algunos responden, «Hechos 2:46 nos recuerda que no tenemos que estar en la iglesia para tomar la comunión», tener claro el propósito del autor en nuestras mentes, hará la aplicación mucho más evidente. Hechos 2:43-47 nos enseña que el Espíritu Santo (v.4) obra a través de su Palabra (vv. 14-36) para establecer de forma práctica el crecimiento de la comunidad del pacto (vv. 37-41), así como la unidad y hermandad de su pueblo tanto en la iglesia (v.42) como en la vida cotidiana (vv. 43-47). Y esta idea se puede aplicar de muchas maneras en la iglesia local moderna, para la gloria de Dios (v.47).

---

[42] Es por esto por lo que incluso comentaristas como J. A. Alexander, aunque interpretan Hechos 2:46 como una referencia a la Cena del Señor, indican que no es normativo para nuestra era, y era una práctica provisional de la iglesia temprana. Ver J. A. Alexander, *A Commentary on the Acts of the Apostles,* Repr., The Geneva Series of Commentaries (Edinburgh: The Banner of Truth Trust, 1980), 93–95.

## Una exégesis apropiada de la cena del Señor

Por último, es adecuado recordar un principio clave. La Biblia es su propio intérprete, y los pasajes claros nos ayudan a interpretar los pasajes más oscuros. En este sentido, cuando queremos saber *cuál es la manera correcta de administrar el sacramento de la Santa Cena*, Hechos 2:42, y Hechos 2:46, siendo pasajes gramaticalmente oscuros, no son el lugar apropiado para comenzar nuestra búsqueda.

Quizá el primer lugar donde debamos encontrar respuesta a dicha pregunta sea en una epístola. Las cartas tienden a ser más didácticas, y más fáciles de interpretar. En este sentido, el texto por excelencia vuelve a ser 1 Corintios 11. Ahora bien, debido a que ya hablamos un poco sobre ese texto, hay un versículo en específico al que quiero llamar nuestra atención, y que servirá como brújula para apuntarnos la dirección indicada por la cual buscar la respuesta a nuestra pregunta.

1 Corintios 11:23 comienza diciendo: *Porque yo recibí del Señor lo mismo que os he enseñado.* Después Pablo prosigue a darnos un resumen de la enseñanza que recibió de parte de Jesús. Ahora bien, ¿cómo sabemos que es un resumen? Lo sabemos, porque tenemos descripciones más detalladas de lo que Jesús les enseñó a sus apóstoles. Lo sabemos, porque tenemos los evangelios.

Notemos que, en los tres relatos de la institución de la cena (Mt 26:26-30; Mr 14:22-25; Lc 22:14-20), tenemos los mismos elementos: 1) Quien administra el sacramento, 2) los símbolos del sacramento, y 3) quienes reciben el sacramento. Cada uno de estos elementos debe llevarnos a hacer preguntas, y las respuestas a esas preguntas nos pueden ayudar a considerar *cuál es la manera correcta de administrar la comunión.*

Sobre el que administra el Sacramento, en este caso, el Señor Jesús, tenemos cinco verbos que nos llaman la atención: 1) Tomó. 2) Bendijo o Dio Gracias. 3) Partió (en caso del pan). 4) Dio. En los tres evangelios, Jesús lleva a cabo los mismos pasos para el pan, y para el vino (por supuesto, sin partir el vino). Así pues, lo primero que debemos cuidar en la administración del sacramento es que hagamos aquello que hizo Jesús: Tomar, dar gracias, partir el pan y darlo. Estos elementos siempre han sido importantes para la teología histórica[43].

Aunque todo esto pueda parecer demasiado escrupuloso y molesto, más adelante veremos que cada parte de este acto de administración tiene un significado teológico que la iglesia ha sabido identificar desde la antigüedad. Y si uno de estos elementos deja de estar presente, entonces el significado del sacramento completo se rompe, cesa, y como menciona Pablo, eso que ya no se practica como nos fue enseñado, ya no es la cena del Señor (1 Co 11:20).

Notemos también, que, si bien tenemos libertad en la forma como tomamos el pan, las palabras de bendición o acción de gracias que utilizamos, la manera como partimos el pan, y la forma como damos los elementos, las palabras de institución son las mismas[44] entre los evangelios y 1

---

[43] Bavinck, *Reformed Dogmatics Vol. IV*, Vol. IV:575; Francis Turretin, *Institutes of Elenctic Theology*, ed. James T. Dennison, trans. George Musgrave Giger, vol. Volume III (Phillipsburg, NJ: Presbyterian and Reformed Publishing Company, 1997), 431–432; Johannes Geerhardus Vos, *The Westminster Larger Catechism: A Commentary*, ed. G. I. Williamson (Phillipsburg, NJ: P&R Pub, 2002), 487; Thomas Watson, *The Lord's Supper* (Edinburgh: Banner of Truth Trust, 2004).

[44] Aquí la distinción entre *ipsísima verba* e *ipsísima vox* es útil. En teología, se llama *ipsísima verba* a exactamente las mismas palabras,

Corintios 11. Así mismo, notemos que todas las veces que se describe el acto de Comunión, el que administra el sacramento está personalmente involucrado en cada uno de los pasos a seguir. Es una y la misma persona la que toma el pan, lo bendice, lo parte, y que comienza la distribución de los elementos entre los presentes. Es esta misma persona quien dice las palabras de institución del sacramento.

En conclusión, no tenemos suficiente base exegética para sostener que Hechos 2:46 está hablando de la Cena del Señor. Por otro lado, tanto en los evangelios como en 1 Corintios 11 tenemos suficiente base exegética que nos muestra con claridad los elementos y acciones que deben formar parte del sacramento. Los elementos deben ser el pan y el vino, y las acciones son tomar, dar gracias, partir, y distribuir. Todas estas acciones deben ser hechas por la misma persona. Y como veremos más adelante, debe ser alguien con la autoridad adecuada para hacerlo. El argumento exegético, aunque es un buen intento de fundamentar una práctica en la Biblia, lo hace sin tener cuidado de aplicar reglas exegéticas correctas y cuidadosas, y puede llevarnos incluso a adoptar malas prácticas de interpretación.

---

letra por letra, que son adscritas a un personaje. *Ipsísima vox* se refiere a el mismo mensaje exacto. También es útil distinguir esto de la pregunta sobre inspiración e inerrancia. Las palabras en la Escritura no *necesitan* ser *ipsísima verba* para ser inspiradas. La inspiración verbal y plenaria de la Escritura incluye tanto *ipsísima verba* como *ipsísima vox*. En este caso, las pequeñas variaciones entre lo que está entre los evangelios y lo que Pablo escribe en 1 Corintios, es explicado por la utilización de *ipsísima vox*.

## Argumento teológico

### Resumen

Nuevamente, a modo de resumen recordamos que quienes desean apegarse a un argumento teológico (y confesional) para una comunión en línea, explican: debido a que la adoración y sus elementos no están atados a un lugar y no existe un poder en el ministro que administra el sacramento, entonces no debe haber problema con que el sacramento se lleve a cabo a través de medios electrónicos, y que sea el padre de familia u otro miembro el que lo administre.

### Aspectos Positivos

En un mundo donde tendemos a minimizar u obliterar el papel de la verdad absoluta, apelar a principios teológicos nos recuerdan que aun dentro de cuestiones tan abstractas como la teología, no todo está a la libre interpretación de cada uno. Existen límites y parámetros para hacer teología, y debemos revisar nuestras que nuestras prácticas estén en línea con lo que creemos. Este es quizá el aspecto más positivo de este tipo de argumento. El que argumenta teológicamente, pregunta: ¿Es nuestra práctica consistente con nuestra teología? Y aquella pregunta no solo es importante, sino que es una que debemos visitar constantemente. Debe haber un equilibrio y consistencia entre nuestra exégesis, nuestra teología, y nuestra eclesiología (o la forma como practicamos los aspectos litúrgicos de la iglesia). Habiendo revisado lo que creemos que la Biblia dice sobre algo, debemos ahora ver si eso que creemos se está reflejando en nuestra teología y nuestra práctica.

Tristemente, muchas denominaciones o iglesias locales hoy abrazan una teología solo de nombre, y sus prácticas son completamente inconsistentes con lo que dicen creer. Fundamentar nuestras prácticas en argumentos teológicos nos permite revisar esta consistencia entre lo que decimos creer y lo que hacemos domingo a domingo.

## Respuesta

Para este punto, la respuesta quizá sea de esperarse, y es: ¡Contexto! Debemos recordar que todos los documentos confesionales están respondiendo a circunstancias de su época con verdades bíblicas. Y si bien reconocemos que aquellas verdades doctrinales trascienden el tiempo y el espacio, también reconocemos que los mejores intérpretes para dar respuesta al significado y aplicación práctica de cada uno de los encabezados en una confesión son los ministros mismos que la formaron.

Con esto en mente, y considerando los dos encabezados en cuestión daremos respuesta en dos pasos. Primero, debemos responder a la descentralización de la adoración. Después, veremos la relación entre el ministro ordenado y la administración del sacramento.

## Descentralización de la adoración

Así pues, la primera pregunta a considerar es por qué los ministros en Westminster decidieron añadir la siguiente sección:

> XXI.vi. Ahora bajo el Evangelio, ni la oración ni ninguna otra parte de la adoración religiosa están limitados a un lugar, ni son más aceptables por el lugar en que se realizan, o hacia el cual se dirigen; sino que Dios ha de ser adorado en todas partes en espíritu y en verdad; tanto en lo privado en

> las en las familias diariamente, y en secreto cada uno por sí mismo; así como de una manera más solemne en las reuniones públicas, las cuales no han de descuidarse ni abandonarse voluntariamente o por negligencia, cuando Dios por su palabra y providencia nos llama a ellas[45].

Para conocer el contexto en el que estas secciones fueron escritas y saber a qué preguntas específicas están dando respuesta, una de nuestras mejores herramientas es el comentario de David Dickson. Este comentario sobre la Confesión de Westminster fue el primero en ser publicado y su utilidad en cualquier estudio serio sobre la Confesión es indiscutible[46]. Dickson, de forma útil, y común para su época, escribe a manera de preguntas y respuestas. El objetivo de la obra es demostrar como las verdades descritas en la Confesión responde a errores y herejías contemporáneas con las que la iglesia en la primera parte del siglo diecisiete estaba luchando. De este modo, Dickson nos deja entrever a qué error exactamente cada sección de la Confesión está dando respuesta.

Para la sección que estamos considerando, Dickson se hace la siguiente pregunta: «¿Está la oración o cualquier

---

[45] En esta sección, he retirado las citas bíblicas para que la legibilidad de la sección sea más sencilla. Sin embargo, en estas notas al pie proveo nuevamente las bases bíblicas de las cuales estas secciones de la confesión emanan.
CFW. 21.6: Jn 4:21; Mal 1:11; 1 Ti 2:8; Jn 4:23,24; Jer 10:25; Deu 6:6,7; Job 1:5; 2 Sa 6:18-20; 1 Pe 3:7; Hec 10:2; Mat 6:11; Mat 6:6; Ef 6:18; Is 56:6,7; He 10:25; Pro 1:20,21,24; 8:34; Hec 13:42; Lc 4:16; Hec 2:42. (CFW 21.6)

[46] Para leer el caso sobre la importancia de este documento, les refiero al preámbulo de la obra escrito por John DeWitt e impreso por el Banner of Truth Trust en David Dickson, *Truth's Victory over Error: A Commentary on the Westminster Confession of Faith* (Edinburgh, Scotland: Banner of Truth Trust, 2007), xxix–xxxi.

otro elemento de la adoración religiosa ahora bajo el evangelio atada a, o hecha más aceptable por ser practicada en o en dirección hacia un lugar específico?»[47].

Su respuesta es que no. La adoración no está atada a un lugar específico. Sin embargo, lo más importante para nuestra consideración es cómo continúa su argumento. Dickson, procede a demostrar que los *papistas*[48] cometen un error al pronunciar como «santa» la tierra física, es decir, el lugar físico en el que está construida una iglesia. Por otro lado, Dickson comenta que esta sección también confronta «la ignorancia de aquellos que creen que sus oraciones privadas tienen mayor valor si se realizan en la iglesia que si se realizan en lo secreto de su recámara».

El punto de esta pequeña desviación histórica es que la intención de la Confesión al proponer esta sección es descrita por uno de los más respetados ministros escoceses de la época como una herramienta para dar respuesta a «papistas» e «ignorantes» sobre la validez de la adoración religiosa descentralizada. Es decir, la adoración en lo general no está atada a un lugar.

Por un lado, no dice en contra de tomar la cena de forma privada en casas o sin la intervención directa del ministro, pero tampoco dice nada a favor. Este argumento, por tanto, no es un argumento de peso que nos deje ver claramente y sin lugar a duda que la Comunión puede ser practicada de manera virtual. En otras palabras, dado lo que Dios mismo dice acerca de su santidad, es mi convicción que necesitamos un argumento mucho más fuerte que este para practicar la cena en línea.

---

[47] Ibid., 153.

[48] Nombre común para aquellos adherentes, y en especial el clero, de la Iglesia Católica Apostólica y Romana.

Ahora bien, es cierto, que los argumentos pueden ser construidos cuando por varias verdades explícitas podemos obtener una verdad implícita. Por tanto, continuemos con la segunda sección a examinar.

**Los Sacramentos y el ministro ordenado**

Como vimos en la sección anterior, no solamente el lugar no es determinante para la validez de nuestra adoración, sino que no creemos que los elementos, ni el ministro que realiza el rito sacramental tienen poder en sí mismos. Este es precisamente el argumento del pastor Riedel. «No somos *sacerdotales*». Es decir, no conferimos propiedades ni poderes al sacramento ni a quienes lo llevan a cabo que vayan 'más allá' de lo que la Palabra enseña:

> XXVII.iii. La gracia que se manifiesta en los sacramentos o por ellos, mediante su uso correcto no se confiere por algún poder que hay en ellos; ni depende la eficacia de un sacramento de la piedad o intención del que lo administra, sino de la obra del Espíritu, y de la palabra de la institución; la cual contiene junto con un precepto que autoriza el uso del sacramento, una promesa de bendición para los que lo reciben dignamente[49].

Esta sección hace énfasis en que es el Espíritu el único agente por el cual los sacramentos realmente funcionan. Sin embargo, si esto es así, ¿por qué de forma general hacemos énfasis en que los sacramentos sean administrados por un ministro ordenado? Es más, si el argumento es: «El Espíritu Santo lo hará funcionar, entonces, hagamos lo que

[49] CFW. 27.3: Ro 2:28,29; 1 Pe 3:21; Mat 3:11; 1 Co 12:13; Mat 26:27,28; 28:19,20.

mejor nos parezca dadas las circunstancias para administrar el sacramento», ¿qué nos detiene de bautizar con Coca? ¿Por qué no dar papas fritas y refrescos en la comunión? ¿Cuándo o quién pone límite a aquello en lo que el Espíritu Santo obrará para hacer eficaces los sacramentos?

Aquí es donde debemos pausar y reflexionar. ¿A qué está dando respuesta la Confesión?

Dickson nuevamente es de muchísima ayuda. Él explica que aquellas líneas en la Confesión sirven para dar respuesta al error de los Donatistas y Anabaptistas, quienes enseñaban que, si el sacramento era impartido por alguien impuro, pecador, o inconverso, entonces no tenía valor[50]. Es en este contexto que la Confesión nos explica que las intenciones y vida secreta de aquél que administra el sacramento no es lo que lo hace eficaz, sino solo el Espíritu Santo.

Ciertamente, como escribe Riedel, «Los elementos en sí no obtienen ningún poder especial de mis manos porque soy pastor». Sin embargo, eso es una distracción del problema real. Ninguna iglesia reformada argumenta que el sacramento debe ser impartido de manos de un ministro de culto debidamente ordenado porque ese ministro le da poder al sacramento.

¿Por qué entonces, sostenemos que debe ser un ministro debidamente ordenado quien administre la Comunión? Interesantemente, la Confesión misma responde a esta pregunta. No es la primera vez que alguien propone que cualquier creyente puede administrar el sacramento. Desde el siglo XIV, los Anabaptistas ya proponían que cualquiera podía administrar tanto el

[50] Dickson, *Truth's Victory over Error*, 212–213.

Bautismo como la Santa Cena. Por esta misma razón, la Confesión dice:

> XXIX.iii. El Señor Jesús, en este sacramento, ha designado a sus ministros que declaren al pueblo su palabra de institución, que oren y bendigan los elementos del pan y del vino, y que los aparten así del uso común para el servicio sagrado; que tomen y partan el pan, y beban de la copa y (participando ellos mismos), den de los dos elementos a los comulgantes; pero no a ninguno que no esté presente entonces en la congregación[51].

La Confesión enseña de forma clara que solo los ministros ordenados pueden administrar los sacramentos. La pregunta, quizá, es: *¿por qué?* La respuesta en su versión más simple es la siguiente: Solo a los ministros ordenados se les ha dado el poder de predicar de forma autoritativa la Palabra de Dios. Y los sacramentos no pueden ser administrados sin la predicación de la Palabra[52]. Existe una conexión bíblica, clara, e indisoluble entre la predicación de la Palabra y la administración de los sacramentos[53].

Por un lado, cada ejemplo que tenemos en el Nuevo Testamento de la administración de los sacramentos se hace en un contexto donde la Palabra es predicada. Más aún, cada vez que la Palabra es predicada, es quien la predica quien está a cargo de la administración del

---

[51] Mat 26:26-28; Mr 14:22-24; Lc 22:19,20; 1 Co 11:23-26; Hec 20:7; 1 Co 11:20.

[52] Ronald S Wallace, *Calvin's Doctrine of the Word and Sacrament* (Eugene, OR: Wipf and Stock Publishers, 1997), 133–137; Geerhardus Vos, *Reformed Dogmatics*, ed. Annemie Godbehere, Roelof van Ijken, and Kim Batteau, trans. Richard B. Gaffin (Bellingham, WA: Lexham Press, 2012), V.5, 138.

[53] Dickson, *Truth's Victory over Error*, 214–215.

sacramento. Así pues, tal como existe esta relación entre la Palabra predicada y el sacramento administrado, esta misma relación estrecha se encuentra entre quienes tienen la autoridad para predicar la Palabra en un contexto litúrgico[54] y quienes tienen la autoridad de administrar los sacramentos.

Esta relación es un poco más clara cuando recordamos que los sacramentos en general, y, por tanto, la Comunión, son signos y sellos. No solo simbolizan algo, sino que sellan en nombre del Rey. Estos símbolos son símbolos que poseen cierta autoridad. Esta autoridad es una autoridad divina, y es por ello por lo que solo Cristo, como único Rey y Cabeza de la iglesia, tiene la prerrogativa de autorizar a algunos hombres (y no a otros) para administrarlos[55].

En el país en donde vivo es delito tener un auto blanco con negro con luces azules y portar una placa cuando no eres un policía autorizado. El delito se llama «personificación de un oficial». La gravedad del delito está en que quien personifica a un oficial de policía está engañado a la población civil para ejercer una autoridad que no le corresponde. Si esto es verdad en nuestros gobiernos imperfectos, ¡¿cuánto más lo es en aquellos sellos que Dios ha dado para su pueblo?!

La iglesia de nuestro Señor Jesucristo es una iglesia que se caracteriza por el orden, y permitir que cualquier persona administre los sellos del Rey es una característica propia del

---

[54] Aquí es necesario distinguir entra la predicación como un elemento de la adoración, a lo que llamo predicación litúrgica, y la predicación del evangelio que es deber y derecho de todo creyente. Como creyentes, todos debemos compartir el evangelio, pero no todos estamos autorizados por Cristo para predicar la Palabra de Dios.

[55] Bannerman, *Church of Christ*, 513–520; Vos, *Reformed Dogmatics*, V.5, 138.

caos; algo que no toma en cuenta la santidad del Dios a quien adoramos[56].

Además, es también importante recordar las tres marcas de la iglesia y la interrelación que existe entre ellas. La sana doctrina a través de la correcta predicación de la Palabra, la adecuada administración de los sacramentos y la disciplina eclesiástica son las tres marcas que caracterizan históricamente a una iglesia saludable. Aunque existen muchas relaciones entre ellas, por ahora, solo deseo enfocarme al tema actual sobre el lugar del ministro en la administración de la comunión. No solamente la predicación de la Palabra es necesaria para la correcta administración del sacramento, sino que también debemos considerar que el último paso de la disciplina eclesiástica es precisamente la excomunión. Es decir, el último paso de la disciplina en la iglesia, cuando a alguien se le declara «gentil y publicano» (Mat 18:17b) con la esperanza de que pronto se arrepienta y pueda ser restaurado a la comunidad del pacto, es precisamente su expulsión de la comunidad. La persona en cuestión es declarada como ajena a la comunidad del pacto. Como un no-creyente, la persona en el último paso de la disciplina tiene prohibido participar de la Cena del Señor. Ahora bien, son los obispos/pastores/ancianos, quienes tienen la autoridad para declarar esta ruta disciplinaria en alguien. Es a ellos a quien se les ha dado la autoridad para administrar la disciplina. Si solo el que tiene el oficio de presbítero quien puede ejercer disciplina, y la

---

[56] Martín Bucer, mentor de Juan Calvino, explica de forma excelente la relación entre la necesidad de que existan ministros ordenados y el orden dentro de la iglesia de Cristo en Martin Bucer, *Concerning the True Care of Souls*, trans. Peter Beale (Edinburgh, EH, UK: Carlisle, PA : Banner of Truth Trust, 2009), 17–24.

administración de la Cena está intrínsecamente ligada al alto más elevado de disciplina eclesiástica, ¿cómo se aplicará disciplina cuando el ministro no está físicamente presente?

Es el ministro quien debe guiar y ha sido instituido como líder en la reunión pública de adoración entre los creyentes. Los sacramentos, tanto el bautismo como la comunión, son manifestaciones públicas de la gracia de Dios, y no deben ser practicados en privado[57]. Es por ello también que el ministro es quien tiene la autoridad para administrar el sacramento, y que el sacramento no puede ser administrado de forma privada sin que exista una asamblea pública de creyentes[58].

Finalmente, es necesario recordar que todas estas conclusiones teológicas son un reflejo de la enseñanza bíblica. Son los apóstoles los que reciben la orden y autoridad de administrar el Bautismo (Mat 28:19) y la Comunión (Mat 26, Mc 14, Lc 22). Esto es natural, porque son ellos los que han sido llamados administradores de los misterios de Dios (1 Co. 4:1). Ellos tienen la responsabilidad de predicar el evangelio autoritativamente como administradores de este misterio (1 Co 9:16-17, Ef 3:1-10). A los apóstoles también se les dio autoridad para pasar esta tarea a otros hombres calificados para el ministerio, quienes, a su vez, deben continuar pasando la encomienda a otros (1 Tim 3:1-7; 2 Tim 1:1-2; Tito 1:5-9). A estos hombres, llamados también ancianos, obispos y pastores, se les reconoce bíblicamente junto con los apóstoles como *administradores de Dios* (Tito 1:7). Como mencionamos al inicio de la sección, nuestra teología sistemática es, o debe

---

[57] Herman N Ridderbos, *Paul: An Outline of His Theology*, trans. John Richard de Witt (Grand Rapids, MI: W.B. Eerdmanns, 1997), 484.

[58] Vos, *Reformed Dogmatics*, V.5 138-139.

ser un reflejo consistente de nuestra exégesis e interpretación bíblica.

Cuando afirmamos que solo el ministro debidamente ordenado tiene la autoridad para administrar el sacramento, esto no está relacionado en lo más mínimo con algún poder especial que el sacramento tome porque fue un pastor el que lo administró. Más bien, lo que estamos diciendo es que, en conformidad con lo que Jesucristo ha establecido para su iglesia, la persona que administra el sacramento de la Comunión debe estar debidamente autorizada para hacer cuatro cosas 1) Predicar la Palabra, 2) Administrar los sellos del Rey, 3) Administrar disciplina eclesiástica, y 4) Liderar una reunión pública de adoración, que es el único contexto dentro del cual se permite administrar los sacramentos. Bíblicamente, solo un ministro ordenado cumple con estos requisitos[59]. Es por ello por lo que desde siglos atrás, esta relación entre el sacramento y el ministro se ha mantenido[60].

Así vemos que los argumentos sobre la descentralización de la adoración y la realidad de que no existe un poder intrínseco en el pastor no son argumentos de peso para establecer el uso de la comunión en línea. Por el contrario, la administración en línea de la comunión da autoridad a personas no calificadas para administrar los sellos del Rey, sin observar la predicación ni la disciplina eclesiástica. ¿Quién cuidará que aquellos que están en disciplina no participen? ¿Quién cuidará que un padre bien

---

[59] Bannerman, *Church of Christ*, 443–458.

[60] Dickson, *Truth's Victory over Error*, 214–215; Turretin, *Institutes of Elenctic Theology*, Volume III:393–396; G. I Williamson, *La confesión de fe de Westminster para clases de estudio* (Medellin, Colombia: Poiema Publicaciones, 2015), 323–326.

intencionado no haga participar a su hijo quien no tiene discernimiento de lo que está sucediendo? ¿Quién nos ha dado el poder de ir en contra de lo que Dios ha establecido en su Palabra? La respuesta a todas estas preguntas es la misma si practicamos una comunión en línea, *nadie.*

**Las acciones del Sacramento de la Cena del Señor**

Más allá de la relación entre el ministro y el sacramento, me gustaría considerar un último punto. Habíamos mencionado que la iglesia históricamente ha reconocido la importancia de los elementos y acciones en los sacramentos. Los elementos son quizá los que reciben más atención en tratados sobre la Comunión, siendo estos el pan y el vino. Sin embargo, las acciones pocas veces son mencionadas.

Las acciones que forman parte del sacramento son, como se había mencionado antes, el *tomar* el pan, *dar* gracias, *partirlo*, y *distribuirlo* o *darlo* a los presentes. Estas acciones siempre son las mismas, y distintos autores hablan de ellas y de su importancia. Entre los mejores tratados sobre el significado teológico de estas acciones, está el tratado de Johannes Vos[61] concerniente al Catecismo Mayor de Westminster. Vos explica que Jesús mismo interpreta y relaciona el pan con su propio cuerpo. Luego entonces, Vos explica que la iglesia entiende las acciones con relación al cuerpo de Cristo, que es el pan. Así pues, cuando Jesús *toma* el pan, esto es una referencia a la encarnación. Cuando él *bendice* el pan y lo separa de su uso común para un uso sacramental, es una referencia al inicio del ministerio de Jesús, es decir, su bautismo. En el bautismo Jesús se 'separa' de su trabajo común como

---

[61] Distinguir del teólogo Geerhardus Vos, padre de Johannes Vos.

carpintero para iniciar su ministerio de forma pública. Cuando el pan es partido, la significancia es explícita. Esta es una referencia a la pasión de Cristo, el final de su ministerio, completando así la vida y obra de Jesús. Pero ¿qué hay de la última acción? ¿Qué hay de *dar* el pan? Vos arguye que el *dar* el pan (y la copa) en lugar de solo tomarlos es una muestra de la prerrogativa e iniciativa divina. Tiene que ser Dios el que ofrece la salvación a los pecadores, y los pecadores no pueden tomarla sin que el Señor la haya completado y ofrecido. Cierto, los presentes deben tomarla, comer el pan y beber del vino. Pero no pueden hacerlo sin que les haya sido ofrecida primero. Es por esto que hablamos de *recibir* la comunión[62].

Para ser justos, en toda mi investigación aún no he sido capaz de trazar completamente el origen del significado teológico que Vos le da a cada una de las acciones, y aunque estoy convencido que es una interpretación correcta de las acciones incluidas en el rito de la Comunión, no tengo bases para obligar a otros a creer lo mismo. Sin embargo, esto es lo que he observado en mi investigación, y estos son los motivos por los que creo que Vos está en lo correcto.

La interpretación de Vos es consistente con las interpretaciones de Jesús mismo en el evangelio de Juan. De las cuatro acciones, *tomar*, *bendecir*, *partir*, y *dar*, (todas presentes en los sinópticos) solo debemos justificar las primeras dos, y la última. Jesús mismo interpreta la tercera en cada una de las narrativas de la comunión.

Sobre *tomar* como acción y su significado que apunta a la encarnación, podemos empezar en Juan 1:14, cuando Juan

---

[62] Vos, *The Westminster Larger Catechism*, 487.

nos menciona que el Verbo se hizo carne[63]. Este es el mismo lenguaje que Jesús usa en su discusión con los fariseos en la alimentación de los cinco mil. Jesús no solamente se identifica a sí mismo como el Pan de Vida (Jn 6:33-35, 48-51) sino que nos aclara que es el Pan que descendió del cielo, lo cual es una referencia mucho más clara a la encarnación. Por otro lado, es en este mismo discurso y contexto que Jesús identifica su cuerpo como *verdadera comida* y su sangre como *verdadera bebida*, éste es el pan que descendió del cielo (Jn 6:51-59)[64].

Si bien en los evangelios sinópticos es fácil identificar el bautismo de Jesús como el inicio de su ministerio público, de nueva cuenta es el evangelio de Juan el que nos provee de un detalle une que une el concepto del inicio de su ministerio, con el contexto de la pascua, y, por tanto, de la Cena del Señor. Solo Juan nos provee en detalle, y en dos ocasiones, las palabras de Juan el bautista al ver al Señor Jesucristo: «He aquí el Cordero de Dios, que quita el pecado del mundo» (Jn 1:29, 36). Es de llamar la atención, que el momento en el que Jesucristo inicia públicamente su ministerio, y recibe la bendición del Padre (Mat 3:16-17; Mr 1:10-11; Lc 3:21-22) sea recibido por una declaración profética que muestra a Jesús como el cordero pascual. Acerca de la bendición de los elementos, Thomas Watson escribe: «Cristo agradeció que Dios Padre, en las infinitas

[63] William Hendriksen, *Exposition of the Gospel According to John: 2 Vols. in 1*, 10. print., New Testament commentary (Grand Rapids, MI: Baker Book House, 1983), 83–88; D. A. Carson, *The Gospel According to John* (Leicester, England : Grand Rapids, MI: Inter-Varsity Press ; W.B. Eerdmans, 1991), 126–128.

[64] Hendriksen, *Exposition of the Gospel According to John*, 241.

riquezas de su gracia, había dado a su Hijo para expiar los pecados del mundo»[65].

Solo nos queda entonces la relación entre la acción de *dar* también llamada la *distribución* con la realidad teológica de que Dios es quien tiene la iniciativa en nuestra salvación. En primer lugar, debemos aceptar que, aunque no se encuentre en el texto, esta es una teología acertada. Es Dios quien es soberano sobre nuestra salvación de principio a fin. Ahora bien, lo que resulta curioso es que nuevamente, uno de los lugares donde esto de ve más claramente es en el contexto del mismo discurso en el que Jesús se presenta como el Pan de Vida en Juan 6.

Desde el milagro mismo de alimentar a los cinco mil, las acciones de tomar, dar gracias y repartir están presentes en la narrativa (Jn 6:11). Pero más allá de eso, en la explicación del milagro, la interpretación que Jesús da del mismo incluye no solo su identificación como el Pan de Vida, sino la realidad de que el Hijo del Hombre les dará el alimento que no perece (Jn 6:27). Así como el Padre *dio* el maná del cielo, el mismo Dios es quien *da* el verdadero pan del cielo (Jn 6:32). Es en ese contexto en el que cuando los presente piden a Jesús que les *dé* de ese pan, él se identifica como ese pan (Jn 6:33-35). Así pues, tenemos que es Dios quien *da* el pan que es Cristo mismo[66]. Después de esto tenemos la importancia teológica de que sea Dios quien *da* este pan, básicamente que la salvación está segura, porque depende únicamente de Dios (Jn 6:37-40).

Finalmente, es interesante ver que otros teólogos de la época enseñan las mismas cuatro acciones en la comunión

---

[65] Watson, *The Lord's Supper*, 8.

[66] Jey J. Kanagaraj, *John: A New Covenant Commentary*, New covenant commentary series (Eugene, OR: Cascade Books, 2013), 67.

de parte del ministro[67]. Es decir, aun si no estamos de acuerdo en el significado teológico que Johannes Vos presenta, la realidad es que casi todo tratado de los sacramentos que tome en consideración las acciones sacramentarles incluyen el *dar*, *repartir*, o *distribuir* el sacramento como parte fundamental del mismo.

En resumen, sobre la cuestión de *dar* físicamente los elementos, vemos que la acción está presente en todas las narrativas de los sinópticos, que su significado teológico parece aclararse en el evangelio de Juan, y que teólogos como Johannes Vos afirman esta conexión. Es decir, quienes defendemos esto decimos que Dios no solo nos muestra que debemos dar el pan (y el vino) físicamente, sino que nos muestra el propósito de estas acciones, y que la iglesia ha sabido reconocerlo a través de la historia.

## Argumento práctico

### Resumen

El argumento práctico puede ser resumido de la siguiente forma: Aunque no es lo ideal, debido a nuestras condiciones, y en vista de que la presencia espiritual es una realidad, lo mejor es conservar *de alguna manera* el sacramento de comunión. En otras palabras, *en línea* es mejor que nada[68].

### Aspectos positivos

---

[67] Bavinck, *Reformed Dogmatics Vol. IV*, Vol. IV:575; Turretin, *Institutes of Elenctic Theology*, Volume III:431–432; Watson, *The Lord's Supper*.

[68] No deseo sonar simplista. Considero que ya he cumplido con representar justamente la postura en el segmento anterior. Esto es únicamente un brevísimo resumen.

Quizá este argumento es la contraparte del argumento teológico. Un argumento práctico nos recuerda que la teología tiene consecuencias. Lo que creemos se traduce en lo que hacemos. Nos recuerda que la iglesia funciona en sintonía con nuestros parámetros de fe. Nos recuerda que el trabajo de los teólogos, pastores, y maestros *tiene* consecuencias para la vida de los creyentes.

Por otro lado, aprecio el deseo imperante de participar del sacramento. Quienes apelan a lo posible, aunque no sea el ideal, nos recuerdan que participar de la Cena es algo que el cristiano debe anhelar constantemente. En otras palabras, quienes desean participar en la Cena de forma constante consideran el sacramento como tremendamente importante. Sin embargo, no solo la constante participación muestra nuestra visión de la importancia del sacramento, la abstención también puede lograr el mismo objetivo.

### Respuesta

Para comenzar a dar respuesta, debemos recordar los tres elementos del argumento: 1) la diferencia entre lo ideal y lo posible, 2) la realidad de una presencia espiritual, y 3) conservar de algún modo el sacramento es mejor que suspenderlo.

### Lo ideal, lo posible, y lo sagrado

Me parece que uno de los elementos que no se toma en consideración al adentrarnos en una discusión entre lo ideal y lo posible en lo concerniente a la Cena del Señor es precisamente el elemento de lo sagrado.

Recuerdo cuando en la primaria no teníamos un balón de fútbol. Alguien iba a la basura, rescataba una lata o una botella, y ¡a patear se ha dicho! Podíamos jugar fútbol con la basura. Hacíamos de dos piedras una portería. Reconocíamos la diferencia entre lo ideal y lo posible. De haber tenido una pelota, nadie habría ido a hurgar en la basura por aquello que más asemejase a un balón. Y, sin embargo, algo nos dice que este ejemplo del fútbol no se compara con la Cena del Señor.

De nueva cuenta, es importante recordar que los sacramentos son símbolos y sellos del Rey. No es suficiente hacer algo «que se le parezca». En esta analogía de los sellos, un Rey justo no nos pedirá utilizar su sello cuando al mismo tiempo nos restringe de todo lo que necesitamos para darle buen uso. Nuestro Rey es el más justo de todos, y si bien nos ha pedido que observemos la Cena, nos ha pedido que la observemos dentro los parámetros que Él mismo ha marcado. Esto es, administrada por un ministro ordenado en un culto público de adoración. Dado que Dios mismo ha suspendido temporalmente los requisitos mínimos para esta celebración, no es necesario buscar o validar otros métodos extrabíblicos solo porque «funcionan». Todo lo que hacemos debe estar respaldado por la Escritura, y sin un argumento bíblico sólido, el riesgo es demasiado alto. En primer lugar, corremos el riesgo a faltar a la santidad de nuestro Dios, en segundo lugar (y como consecuencia de lo primero), corremos el riesgo de tomar juicio para nosotros mismos. El hecho de que una especie de comunión en línea sea «posible» aunque no sea ideal no es justificación suficiente para llevar a cabo la práctica.

### La presencia espiritual y física

Hemos discutido muy brevemente la necesidad de una presencia física para la Comunión, tomando como fundamente la realidad de que, como símbolos, los sacramentos han sido establecidos para ser manifestaciones públicas de la gracia de Dios y de la fe de los creyentes.

En este momento, la carga está en dar respuesta a aquellos pasajes que parecen proponer la idea de la validez de una presencia espiritual. Dado que estos pasajes no lidian directamente con el tema de la Cena del Señor, no se expondrá una exégesis exhaustiva del tema como en Hechos 2. Más bien, haremos pequeñas notas del contexto que nos del luz sobre la forma en la cual la idea de una presencia espiritual está siendo usada.

A. Mateo 18:20: «Porque donde están dos o tres reunidos en mi nombre, *allí estoy yo* en medio de ellos».

Antes de buscar qué significa que Cristo esté en donde hay dos o tres reunidos en su nombre hay que distinguir a los dos personajes en este pasaje. Primero, está Jesús, quien está hablando. Pero también están los creyentes, quienes están recibiendo una instrucción. Esta instrucción tiene que ver con la disciplina de la iglesia (Mat 18:15-19). Notemos que en cada paso de esta instrucción se enfatiza la fisicalidad de la presencia de los involucrados.

Primero, si un hermano peca contra ti, debes *ir* en privado con él y llamarlo al arrepentimiento (Mat 18:15). En caso de que no se arrepienta, debes *llevar contigo* a uno o dos testigos (Mat 8:16). Si aún rehúsa arrepentirse, debes *decírselo a la iglesia* (Mat 8:17). En cada paso más personas se añaden a la situación. Estas adiciones no son solo espirituales, sino físicas. Es en este contexto que los versos 18 y 19 nos hablan de la autoridad que Jesús ha dado a la iglesia (ver. paralelo con Mat. 16:19). Lo que sea atado por la iglesia, será atado en los cielos, y lo que sea desatado por la iglesia, será desatado en los cielos.

Sin entrar en los pormenores de la disciplina eclesiástica, el punto aquí es que los miembros de la iglesia siempre han estado físicamente presentes en cada una de las etapas de la disciplina, y Jesús les indica que cuando esto es así, el está presente en autoridad con ellos. De este modo, en este pasaje, la presencia «espiritual» de Jesús, hace referencia a su autoridad, y la iglesia siempre se encuentra físicamente presente.

B. Mateo 28:19-20: «Id, pues, y haced discípulos de todas las naciones, bautizándolos en el nombre del Padre y del Hijo y del Espíritu Santo, enseñándoles a guardar todo lo que os he mandado; y *he aquí, yo estoy con vosotros todos los días*, hasta el fin del mundo».

Si bien es interesante la presencia espiritual de Cristo, antes de ello tenemos la instrucción de *ir*. Esto presupone e involucra una presencia física de los discípulos que están escuchando la instrucción. Por más efectivo que sea el internet, el correo postal, las líneas telefónicas, o cualquier otro método de comunicación impersonal, esto no quiere decir que la iglesia se pueda hacer en línea, por cartas, o por teléfono.

Tenemos una instrucción explícita de ir física y personalmente a aquellos lugares donde el evangelio no ha llegado para predicar las buenas nuevas, y plantar iglesias que enseñen a guardar todo lo que Jesús ha mandado. Por otro lado, similar a Mateo 18:20, en el contexto, la presencia espiritual de Cristo es una referencia doble. En primer lugar, a su autoridad total recibida de lo alto (Mat 28:18).

Jesús está autorizando a sus discípulos para predicar en su nombre, para ser sus testigos (Hec 1:8).

Por otro lado, es una referencia a la presencia del Espíritu Santo en los creyentes, y de forma especial, en los ministros que comparten su palabra. Pero esta presencia espiritual no es lenguaje figurado en este sentido. La presencia del Espíritu Santo en el creyente es una presencia tremendamente real. Es real porque es omnipresente, y tiene la habilidad de estar con múltiples creyentes, en múltiples lugares a la vez, algo que no puede ser dicho de nosotros.

C. 1 Corintios 5:4: «En el nombre de nuestro Señor Jesús, cuando vosotros estéis reunidos, y yo con vosotros en espíritu, con el poder de nuestro Señor Jesús [...]».

Pablo es el único personaje quien explícitamente utiliza la frase «con vosotros en espíritu». Pero, ¿esto quiere decir que Pablo estaba «espiritualmente presente con ellos» aunque su cuerpo estaba en otro lugar? No me parece que esa sea la mejor explicación.

En primer lugar, en la misma carta, notemos el inconfundible énfasis en la presencia física de los participantes:

> Pero al daros estas instrucciones, no os alabo, porque no os congregáis para lo bueno, sino para lo malo.
> Pues, en primer lugar, oigo que cuando os *reunís* como iglesia hay divisiones entre vosotros; y en parte lo creo. Porque es necesario que entre vosotros haya bandos, a fin de que se manifiesten entre vosotros los que son aprobados.

> Por tanto, cuando os *reunís*, esto ya no es comer la cena del Señor, porque al comer, cada uno toma primero su propia cena; y uno pasa hambre y otro se embriaga. ¿Qué? ¿No tenéis casas para comer y beber? ¿O menospreciáis la iglesia de Dios y avergonzáis a los que nada tienen? ¿Qué os diré? ¿Os alabaré? En esto no os alabaré.
>
> Porque yo recibí del Señor lo mismo que os he enseñado: que el Señor Jesús, la noche en que fue entregado, tomó pan, y después de dar gracias, lo partió y dijo: Esto es mi cuerpo que es para vosotros; haced esto en memoria de mí. De la misma manera tomó también la copa después de haber cenado, diciendo: Esta copa es el nuevo pacto en mi sangre; haced esto cuantas veces la bebáis en memoria de mí. Porque todas las veces que comáis este pan y bebáis esta copa, la muerte del Señor proclamáis hasta que Él *venga*.
>
> De manera que el que coma el pan o beba la copa del Señor indignamente, será culpable del cuerpo y de la sangre del Señor. Por tanto, examínese cada uno a sí mismo, y entonces coma del pan y beba de la copa. Porque el que come y bebe sin discernir correctamente el cuerpo del Señor, come y bebe juicio para sí. Por esta razón hay muchos débiles y enfermos entre vosotros, y muchos duermen. Pero si nos juzgáramos a nosotros mismos, no seríamos juzgados. Pero cuando somos juzgados, el Señor nos disciplina para que no seamos condenados con el mundo. Así que, hermanos míos, cuando os *reunáis* para comer, *esperaos* unos a otros. Si alguno tiene hambre, coma en su casa, para que no os *reunáis* para juicio. Los demás asuntos los arreglaré *cuando vaya*. (1 Co 11:17-34)

Solamente en esta porción, existen siete alusiones explícitas a la presencia física de las personas. Cinco de ellas son en relación con los miembros de la iglesia, las cinco en el contexto de la Comunión. Una más es en referencia a la segunda venida física de Jesucristo, y la última es en referencia a Pablo yendo hacia ellos en el futuro.

Es antinatural como exégesis concluir que la frase «con ustedes en espíritu» en esta carta es un argumento suficiente para de pronto romper el énfasis natural de la presencia física de las personas en la iglesia de Corinto.

Si esto es así, ¿qué significa entonces «con ustedes en espíritu»? Similar a los pasajes que resaltan la autoridad de Jesús en Mateo 18 y Mateo 28, Pablo, en contexto, está pidiendo a la iglesia en Corinto excomulgar a un miembro debido a un pecado tremendamente escandaloso (1 Co 5:1-5). Esto se hace claro con tan solo poner el texto completo de los versos 4 y 5:

> En el nombre de nuestro Señor Jesús, cuando vosotros estéis reunidos, y yo con vosotros en espíritu, con el poder de nuestro Señor Jesús, entregad a ese tal a Satanás para la destrucción de su carne, a fin de que su espíritu sea salvo en el día del Señor Jesús. (1 Co 5:4-5)

Así pues, vemos que este texto tampoco sirve como un buen argumento para establecer positivamente la práctica de la comunión en línea. Más bien, es una frase que muestra la autoridad de una persona, cuyo nombre va adjunto en la carta que ha escrito.

> Colosenses 2:5: «Porque *aunque estoy ausente en el cuerpo, sin embargo estoy con vosotros en espíritu,* regocijándome al ver vuestra buena disciplina y la estabilidad de vuestra fe en Cristo»[69].

---

[69] Énfasis personal agregado en los cuatro textos proporcionados.

Finalmente, consideramos un uso similar de «con ustedes en espíritu» en Colosenses 2:5. Este uso en Colosenses, es similar a los anteriores. En su contexto, Pablo está celebrando que los Colosenses están haciendo muchas cosas bien. Informa que está luchando por ellos, aun por los que no le han visto *en persona* (Col 2:1). Esto lo hace para animarlos (Col 2:2). Y si bien expresa de forma positiva que la iglesia de Colosas no debe temer a los falsos maestros, pues el está autoritativamente *con ellos en espíritu*, notemos que luego Pablo expresa abiertamente que está en espíritu *regocijándose al ver su buena disciplina y la estabilidad de su fe.* Así pues, el «estar con ellos en espíritu» viene después y es distinto a la «buena disciplina y la estabilidad de la fe». La pregunta aquí sería, entre estos dos, entre la presencia espiritual, y la buena disciplina, ¿dónde encontramos la celebración de la Comunión, la buena administración del sacramento? Por supuesto, siendo una cuestión de práctica, íntimamente relacionada con la enseñanza apostólica recibida, se debe relacionar con la «buena disciplina y la estabilidad de la fe».

Como vemos, ninguno de estos textos nos alienta a pensar que tenemos bases bíblicas para practicar la comunión de cualquier otro modo que no sea el establecido por Dios.

**Algo es mejor que nada**

Este tipo de argumento es muy similar al primero que considera la distinción entre «lo ideal y lo posible». Por lo que no ahondaremos más en el tema. Sin embargo, si quiero responder directamente a la última pregunta del pastor Burkholder.

> «¿Qué es menos ideal entre tomar la Santa Cena vía virtual y no tomarla? ¿No será que estamos negándole el pan y la copa a la iglesia cuando hemos sido provistos con tantas otras formas poco ideales para congregarnos en estos tiempos?»[70].

Con todo el amor, y seriedad en mi corazón, considero que la pregunta está mal formulada. Consideremos una pregunta más completa:

> ¿Qué es menos ideal entre tomar la Santa Cena vía virtual, para lo que no tenemos un sólido argumento bíblico y no tomarla por el tiempo que el Señor ha determinado en su providencia negarnos las circunstancias ideales para llevar a cabo el sacramente? ¿Será que estamos negándole el pan y la copa de gracia, pero también de juicio e ira a la iglesia cuando hemos sido provistos con tantas otras formas poco ideales para congregarnos en estos tiempos?

Como podemos ver, las preguntas retóricas en realidad sirven poco al argumento. Un par de clarificaciones, y ahora la pregunta nos inclina a pensar que la mejor respuesta es abstenernos de la Comunión hasta que pueda ser practicada de forma bíblica. Lo que es importante considerar en la pregunta original es que la Comunión en línea no parece ser una práctica avalada por la Escritura, no solo en el texto explícito, sino en las enseñanzas implícitas. Entendemos que la Cena debe ser practicada de forma presencial, con las personas físicamente presentes, con el ministro ordenado al frente y dirigiendo al resto. Por otro lado, siempre es importante recordar la advertencia de Pablo a los Corintios

---

[70] Burkholder, «Santa Cena Por Videollamada».

en 1 Co 11:29; el que come y bebe indignamente, come y bebe juicio para sí. Quizá uno de los más grandes mitos concernientes a la comunión es que siempre, indiscutiblemente, proveerá gracia a los participantes. Pablo nos muestra que no siempre es así. Anhelamos que sea gracia, pero cuando el sacramento es administrado sin considerar la santidad de Dios, sin considerar la forma correcta, por los motivos correctos, y con las personas correctas involucradas, no tenemos bases bíblicas para esperar recibir la gracia que el sacramento promete, por el contrario, tenemos toda la evidencia apuntando a que lo único que se recibirá es juicio.

Por mi parte, hasta no ser convencido con la Escritura que tenemos permitido sin lugar a duda participar de algo tan distinto como la comunión en línea, sostengo que los argumento que hasta ahora se han presentado no son suficientes para exponer a nuestras congregaciones al juicio de Dios.

Curiosamente, en el caso particular en el que vivimos, aquello que queremos evitar con la Comunión presencial son contagios, enfermedad y muerte. Cerraré esta sección exponiendo precisamente las consecuencias que la iglesia en Corinto tuvo por practicar mal este sacramento:

> Por tanto, examínese cada uno a sí mismo, y entonces coma del pan y beba de la copa. Porque el que come y bebe sin discernir correctamente el cuerpo del Señor, come y bebe juicio para sí. Por esta razón hay muchos débiles y enfermos entre vosotros, y muchos duermen[71]. (1 Co 11:28-30)

---

[71] «Duermen», aquí, es un eufemismo para «han muerto». Ver nota al pie 11.

# ESCUCHANDO LAS VOCES DEL PASADO

*«La historia cristiana, o teología histórica, es un estudio específico de la iglesia en el pasado para entender la iglesia en el presente, y mejorar la iglesia en el futuro»*[72].

*~Robert F. Rea*

Habiendo estudiado los argumentos en ambas partes de la conversación, queda una última tarea por hacer. Una de las afirmaciones de quienes defienden la práctica de la comunión en línea en la modernidad es que lo que estamos viviendo es algo completamente nuevo, por tanto, nuestra respuesta requiere medidas nuevas. Estas personas hacen énfasis en la bendición de la tecnología con la que contamos hoy, hasta casi sugerir como una acción irresponsable el no

[72] Robert F. Rea, *Why Church History Matters: An Invitation to Love and Learn from Our Past* (Downers Grove, IL: InterVarsity Press, 2014), 24.

usar esta tecnología para continuar la obra del Reino cuando reunirse físicamente es imposible[73].

Por un lado, si esto es cierto, la iglesia está en una posición muy difícil. Debemos utilizar nuestra sabiduría para aplicar la interpretación bíblica a una circunstancia muy particular con la que jamás nos habíamos encontrado. Si es cierto que es la primera vez que enfrentamos una circunstancia en la que reunirnos físicamente es imposible, y en la que al mismo tiempo disfrutamos del acceso nuevas tecnologías de la información, entonces la historia no será de mucha ayuda.

Antes de llegar a esa conclusión, deseo explorar en esta última sección qué tan nueva es esta circunstancia a la luz de la historia de la iglesia. ¿Es realmente cierto que nunca habíamos estado frente algo así?

## Cuando el cuerpo no puede reunirse

No recuerdo cuándo fue la última vez que toda la iglesia, es decir, todos los miembros de mi iglesia local pudieron reunirse a la vez. Es natural que domingo a domingo, algún miembro sea prevenido de participar de la asamblea que tiene lugar para el culto público. En ocasiones, algunos hermanos tienen dudas, o están pasando por un periodo oscuro en sus vidas y simplemente no desean participar de la reunión del culto público. También puede ser que algún hermano esté muy enfermo o anciano para poder asistir al

---

[73] Esta parece ser el tono del pastor Burkholder al preguntar al lector: "¿No será que estamos negándole el pan y la copa a la iglesia cuando hemos sido provistos con tantas otras formas poco ideales para congregarnos en estos tiempos?" Ver Burkholder, "Santa Cena Por Videollamada."

servicio de adoración. Consideremos también los accidentes que pueden tener lugar. Quizá alguien simplemente tuvo un percance vehicular que le previno de asistir a la iglesia un domingo. Por otro lado, no siempre es algo malo lo que nos previene de reunirnos. A veces un hermano puede estar visitando otra iglesia o estar de viaje o en el campo misionero. A veces, un nacimiento puede tener lugar en domingo, que siendo algo bueno, también previene a la familia de asistir a la iglesia. Cuando otra iglesia me invita a predicar, eso necesariamente significa que no podré asistir a mi iglesia local, ¡pero es parte del ministerio!

Las ocasiones que realmente previenen a una cantidad significativa o incluso a la totalidad de los miembros de la iglesia no son tan comunes como todos los escenarios que acabamos de comentar. Sin embargo, la historia de la iglesia da testimonio sobre su existencia. Consideremos algunas de ellas.

**Guerras**

Si bien las guerras no necesariamente previenen definitivamente a las poblaciones de asistir a la iglesia, sí ponen la vida de los miembros en riesgo. Las guerras existen y han existido desde que las naciones existen. En lugar de hacer una antología de las congregaciones que han sobrevivido y sobrellevado estas circunstancias, quiero presentar un ejemplo en particular. El ejemplo del Dr. Martyn Lloyd-Jones.

Martin Lloyd-Jones tomó el liderazgo de la Capilla de Westminster, en Londres en 1939, justo antes de que Alemania se declarara en Guerra contra el Reino Unido. Así, Lloyd-Jones ministró durante la Segunda Guerra Mundial.

Lo primero que Martyn Lloyd-Jones hizo en 1939, ante la inminente llegada de la acción de guerra a Londres, fue predicar una serie de sermones para preparar a su congregación espiritualmente para lo que estaba por venir. En1941, mientras la ciudad de Londres era bombardeada, la Capilla fue afectada tres veces, pero los bomberos pudieron salvar el edificio[74].

En verano de 1944 Lloyd-Jones se encontraba aun predicando la Palabra de Dios desde su púlpito en la Capilla de Westminster. El 18 de junio del mismo año, el servicio en Westminster había comenzado y el Dr. Lloyd-Jones se encontraba orando cuando el sonido de un bombardero V1 se escuchó aproximándose. 'Continué orando hasta que el sonido fue tan fuerte que no podía escuchar mis propias palabras'—mencionó el doctor después del incidente. La bomba cayó tan cerca de la Capilla que la estructura del edificio se escuchó crujir y pequeños pedazos del techo de la iglesia cayeron sobre la congregación debido a la fuerza de la explosión. Después del estallido y su pequeña pausa, el doctor continuó su oración y el resto del servicio como si nada hubiera sucedido. Uno de los oficiales del ejército presentes en ese servicio dijo lo siguiente [75]:

> «He visto muchas cosas en las trincheras en Francia, pero nada más asombroso que la forma en la que ese hombre continuó su oración como si nada hubiera pasado»[76].

---

[74] Iain Hamish Murray, *The Life of D. Martyn Lloyd-Jones, 1899-1981* (Edinburgh: The Banner of Truth Trust, 2013), 203.

[75] Jason C. Meyer, *Lloyd-Jones on the Christian Life: Doctrine and Life as Fuel and Fire,* Theologians on the Christian life (Wheaton: Crossway, 2018), 38–39; Murray, *The Life of D. Martyn Lloyd-Jones, 1899-1981,* 255–256.

[76] Murray, *The Life of D. Martyn Lloyd-Jones, 1899-1981*, 256 nota.5.

Lloyd-Jones consideró que la predicación del evangelio y el llevar a cabo el culto público era prioridad. El comprendía que su vida estaba en riesgo, y confiaba que el Señor lo llamaría a casa cuando fuera el tiempo. Su prioridad era atender las almas de aquellos que estaban dispuestos a participar del Día del Señor en medio del bombardeo que habría cobrado más de cuatro mil víctimas en Londres[77].

Martyn Lloyd-Jones es considerado un héroe moderno de la fe por muchos. Deseo dejar en claro que el propósito de su ejemplo no es requerir de cada ministro el poner su vida en riesgo ante circunstancias similares. Como veremos más adelante, hay hombres a los que Dios ha dotado de esa firmeza, deseo y capacidad. Lo que si deseo enfatizar es lo siguiente, Martin Lloyd-Jones no buscó una tercera opción. La decisión fue entre congregarse y asumir el riesgo, o no congregarse en lo absoluto. No hubo punto medio. Esta será una constante que veamos en el resto de los ejemplos de este capítulo.

¿Qué llevó a Martyn Lloyd-Jones a actuar de este modo? Sin duda, su doctrina de la iglesia. Lloyd-Jones estaba convencido de que, como representante del Cuerpo de Cristo, no había nada de mayor importancia que el ministerio de la proclamación del evangelio, acompañado de las otras dos marcas de la iglesia: la correcta administración de los sacramentos, y la disciplina eclesiástica[78].

---

[77] Murray, *The Life of D. Martyn Lloyd-Jones, 1899-1981*, 256.
[78] Para leer un buen resumen sobre la doctrina de la iglesia del Dr. Martyn Lloyd-Jones, ver Meyer, *Lloyd-Jones on the Christian Life*, 103–114.

Miles de personas fueron impactadas por el ministerio del Dr. Lloyd-Jones, entre ellos J. I. Packer, Iain H. Murray, y John Gertsner, mentor de R. C. Sproul.

**Plagas**

Así como las guerras no son algo nuevo, las enfermedades transmisibles tampoco lo son. Lo que hoy llamamos «Pandemia» es simplemente el término técnico para lo que la historia conoce como plagas. Quizá sea familiar para muchos de nosotros recordar algunas de estas plagas en la historia. Hemos escuchado hablar de la peste bubónica, del sarampión traído por los conquistadores españoles a las Américas, y en tiempos más recientes, de enfermedades como la influenza AH1N1, la gripe aviar, o el rebrote de ébola en Sierra Leona, África. Lo que pocas veces hacemos es considerar que, en todas estas plagas, la iglesia de Cristo estaba presente.

Recientemente, el Instituto Calvino de Adoración Cristiana (CICW, por sus siglas en inglés), compartió en su blog una línea de tiempo que registra las plagas con las que la iglesia ha lidiado a través de la historia[79]. En esta publicación podemos ver como hombres de fe se han mantenido firmes en sus ministerios desde padres de la iglesia como Cipriano de Cártago durante la plaga en 250-270 d.C.[80], hasta reformadores como Zwinglio, quien fue

---

[79] John D. Witviliet et al., "Pandemics and Public Worship Throughout History," March 23, 2020, accessed January 15, 2022, https://worship.calvin.edu/resources/resource-library/pandemics-and-public-worship-throughout-history.

[80] John Horgan, "Plague of Cyprian, 250-270 CE," *World History Encyclopedia*, December 13, 2016, accessed January 16, 2022, https://www.worldhistory.org/article/992/plague-of-cyprian-250-270-ce/.

contagiado de la peste bubónica mientras atendía a enfermos de su congregación[81]; o Juan Calvino, a quien el consistorio de Ginebra tuvo que prevenir de quedarse a atender a las víctimas de la peste, convenciéndolo de entrenar a otros hombres que pudieran hacer la labor por él[82]. La lista también menciona personajes más recientes como Jonathan Edwards, quien murió tras una reacción adversa a la inoculación durante la epidemia por varicela en 1758[83], o Carlos Spurgeon pastoreando a su congregación y adaptando sus reuniones para poder servir a través del brote de cólera en Londres en 1854[84].

La realidad es que las plagas han sido conocidas desde tiempos ancestrales, y la iglesia de Jesucristo ha sabido hacer frente a ellas con valentía, sabiduría, y amor. Quizá el ejemplo más claro sea el del mismo Martín Lutero durante la peste negra en Wittemberg en agosto de 1527. Lutero no sólo decidió quedarse a atender a los enfermos, sino que su esposa Catarina Von Bora, estado embarazada, decidió

---

[81] Michael Reeves and Mark Dever, *The Unquenchable Flame: Discovering the Heart of the Reformation* (Nashville, TN: B & H Academic, 2010), 70.

[82] Greg Bailey, "Serving Christ in a Time of Plague," *Ligonier Ministries*, May 3, 2009, accessed January 15, 2022, https://www.ligonier.org/posts/serving-christ-in-a-time-of-plague.

[83] Log Collage Press, "When the Plague Comes - Pastoral Compassion in Centuries Past," *Log College Press*, January 29, 2020, accessed January 15, 2022, https://www.logcollegepress.com/blog/2020/1/27/when-the-plague-comes-pastoral-compassion-in-centuries-past.

[84] Geoff Chang, "Spurgeon and the Cholera Outbreak of 1854," *The Spurgeon Center*, March 3, 2020, accessed January 16, 2022, https://www.spurgeon.org/resource-library/blog-entries/spurgeon-and-the-cholera-outbreak-of-1854/.

quedarse a su lado y apoyarlo hasta el final[85]. Esto dio lugar a muchas críticas, por lo que Lutero escribió a Felipe de Hesse una carta que después se convertiría en un pequeño tratado titulado «Sobre Si es Apropiado que un Hombre Huya de una Plaga Mortal».

Interesantemente, este es uno de los tratados más balanceados de Lutero (quien regularmente tomaba posiciones mucho más radicales). En este escrito, Lutero explica que el Señor ha dotado a ciertos hombres de valentía y cierto sentido del deber para afrontar situaciones como estas, y para ellos, el quedarse a ministrar a través de las plagas es una cuestión de fidelidad. Por otro lado, Lutero explica que en varias ocasiones aun los hombres más valientes como el rey David o el apóstol Pablo han tenido que huir de situaciones de riesgo con tal de salvar sus vidas. Lutero no ve nada de malo con decidir proteger la vida propia. En lo que a él concierne, mientras haya ovejas que necesiten un pastor, él decidirá tomar ese llamado y encomendarse al Señor mientras ministra en esas circunstancias[86].

Dos cosas son de llamar la atención en el caso de Lutero. La primera, en sintonía con lo que vimos con el Dr. Lloyd-Jones, Lutero sólo ve dos opciones, ya sea quedarse y arriesgar su vida, o bien, lo que es permisible también,

---

[85] Lyndal Roper, *Martin Luther: Renegade and Prophet*, First edition. (New York, NY: Random House, 2016), 307–309.
La traducción de este título al español se puede conseguir como Lyndal Roper, *Martín Lutero: renegado y profeta*, trans. Sandra Chaparro Martínez, Primera edición., Memorias y biografías (Barcelona: Taurus, 2017).

[86] Martin Luther, "Whether One May Flee From a Deadly Plague," in *Martin Luther's Basic Theological Writings*, ed. Timothy F. Lull and William R. Russell, 3rd ed. (Minneapolis, MN: Fortress Press, 2012), 475–487.

resguardarse de la plaga mortal. Lo que Lutero no hace es comprometer entre esos dos puntos. Esto nos lleva a lo segundo que llama nuestra atención. La historiadora Lyndal Roper, al explorar la decisión de Lutero, observa una relación directa entre la importancia que él le da al sacramento de la Santa Cena y el llamado a cuidar de su congregación durante la plaga[87]. Lutero comprendía que, para administrar correctamente el sacramento, aun en medio de la plaga, tenía que hacerlo de forma presencial y física.

## Exilio

Otra circunstancia que vale la pena considerar es el tiempo del exilio del pueblo de Dios en el Antiguo Testamento. Estudiar esto es de gran valor puesto que representa otro ejemplo no sólo histórico sino bíblico de una circunstancia similar: el pueblo de Dios, fuera del lugar de Dios. Por supuesto, existen algunas distinciones. Por un lado, el Nuevo Testamento establece que el *lugar* de la adoración no tiene la misma centralidad que en tenía en el Antiguo Testamento (Jn 4:21-24). Por otro lado, esta misma centralidad de la locación nos ayuda a ver cómo el pueblo de Dios lidió con algo que era un *requisito* para, por lo menos, ciertas ocasiones de adoración pública. ¿Cómo interpretaron la imposibilidad de reunirse? ¿Qué pasó con las prácticas del pueblo de Dios cuando fueron expulsados

[87] Comprendo que el entendimiento de Lutero sobre la Santa Cena es distinto al entendimiento reformado del sacramento. Sin embargo, el punto a considerar aquí es la necesidad de otorgar físicamente el sacramento en medio de una plaga mortal. Para ver esta relación lea, Roper, *Martin Luther*, 307–310.

de la tierra prometida? ¿Cuáles fueron los resultados de estas circunstancias en la vida y corazones del pueblo?

En primer lugar, es necesario llamar nuestra atención al entendimiento bíblico de la bendición de estar físicamente juntos celebrando la presencia de Dios y sus obras. El pueblo hebreo tenía muchas fiestas que eran parte de su actividad cúltica y pieza central de su adoración. Varias de esas celebraciones incluían un peregrinaje a la ciudad de Jerusalén. Esta ciudad era el destino de estas peregrinaciones precisamente porque en ella se encontraba el templo construido por Salomón, y este templo era la representación física de la presencia de Dios con su pueblo[88]. Así como el tabernáculo de Moisés en el desierto servía para recordar al pueblo que el SEÑOR estaba en medio de ellos, el templo de Salomón era un símbolo del pacto que el Dios había hecho con los suyos[89]. Dios estaba presente con sus hijos. Por otro lado, este mismo pacto siempre tuvo condiciones, y si bien parte de las bendiciones del pacto era esta presencia de Dios con los suyos (Lev 26:3-13)[90], una de las maldiciones que vendrían al romper el pacto era precisamente la expulsión del pueblo de la presencia de Dios (Deu 28:15-68)[91].

Este breve resumen nos puede ayudar a entender la asociación que el pueblo de Israel hacía entre el templo, la

---

[88] Leland Ryken et al., eds., *Dictionary of Biblical Imagery* (Downers Grove, IL: InterVarsity Press, 1998), 436–437; Ronald L. Giese, "Is 'Online Church' Really Church? The Church as God's Temple -," *Themelios* 45, no. 2 (August 2020): 361.

[89] Ryken et al., *Dictionary of Biblical Imagery*, 837–840; 849–851.

[90] Charles F. Pfeiffer, *Old Testament History* (Grand Rapids, Mich: Baker Book House, 1973), 420.

[91] Interesantemente, no solo el exilio es parte de las consecuencias de quebrantar el pacto, sino también lo son las plagas, la mortandad, la falta de seguridad, y la ansiedad o "turbación de espíritu".

presencia de Dios, el estar juntos como un cuerpo delante de su presencia y el concepto de bendición. Así pues, tenemos la bendición sacerdotal en Números 6:24-26:

> El SEÑOR te bendiga y te guarde;
> el SEÑOR haga resplandecer su rostro sobre ti, y tenga de ti misericordia;
> el SEÑOR alce sobre ti su rostro, y te dé paz.

La bendición de Dios se hace evidente cuando Él se mantiene cercano a su pueblo. El rostro del SEÑOR está sobre los suyos, y eso hace que el pueblo experimente misericordia y paz. Como respuesta, el pueblo también anhela esta presencia, y en los peregrinajes hacia las festividades en Jerusalén, el pueblo cantaba entre otras cosas, el Salmo 133:

> Mirad cuan bueno y cuan agradable es
> que los hermanos habiten juntos en armonía.
> Es como el óleo precioso sobre la cabeza,
> el cual desciende sobre la barba, la barba de Aarón,
> que desciende hasta el borde de sus vestiduras.
> Es como el rocío de Hermón,
> que desciende sobre los montes de Sión;
> porque allí mandó el SEÑOR la bendición,
> la vida para siempre.

Por otro lado, estar destituido de la presencia de Dios siempre es asociado con juicio y maldición en la Escritura (1 Sa 16:14; Sal 51:11; Ro 6:23). Por esta misma razón, ser prevenido de reunirse para adorar a Dios en Jerusalén era un símbolo de juicio y maldición. Pocos lugares en la Escritura muestran esto de forma tan clara como el libro de las Lamentaciones de Jeremías. Lo que Job es para el sufrimiento personal, Lamentaciones es para crisis y aflicción nacionales[92]. Ante el inminente juicio de Dios por la infidelidad del pueblo, Jeremías escribe lo siguiente el Lamentaciones 2:5-7.

> Se ha vuelto el SEÑOR como enemigo:
> ha devorado a Israel,
> ha devorado todos sus palacios,
> ha destruido sus fortalezas
> y ha multiplicado en la hija de Judá
> el lamento y el duelo.
> Y ha tratado con violencia a su tabernáculo,
> como a cabaña de huerto;
> ha destruido su lugar de reunión.
> El SEÑOR ha hecho olvidar en Sión
> la fiesta solemne y el día de reposo,
> y ha rechazado en el furor de su ira
> al rey y al sacerdote.
> El SEÑOR ha rechazado su altar,
> ha despreciado su santuario;
> ha entregado en manos del enemigo
> los muros de sus palacios.
> Gritos se han dado en la casa del SEÑOR
> como en día de fiesta solemne.

El texto es desgarrador. No solamente nos muestra la imposibilidad del pueblo de reunirse para adorar al SEÑOR en el templo, sino que nos muestra a Dios mismo como quien está detrás de esto. Es el SEÑOR quien ha rechazado al pueblo, puesto que el pueblo le ha rechazado a Él (Je

---

[92] R. K. Harrison, *Introduction to the Old Testament with a comprehensive review of Old Testament studies and a special supplement on the apocrypha*, 3. Aufl. (Grand Rapids, MI: Eerdmans, 1973), 1070.

17:27). Parte del juicio de Dios, entonces, es quitarle la oportunidad al pueblo de reunirse para celebrar *la fiesta solemne y el día de reposo.* Es el SEÑOR mismo quien los ha dispersado (La 4:16). Y habría quienes por años lamentarían no poder juntarse a celebrar las fiestas sagradas que Dios previamente había dado (Sof 3:18; Zac 7:2-3)[93].

Si bien la situación del pueblo de Dios durante el exilio era menos que *ideal*, la historia no termina allí. El propósito del juicio de Dios sobre su pueblo era buscar su restauración y arrepentimiento. Es decir, el ideal de la vida del pueblo de Dios no era el acoplamiento a la vida en el exilio, no era el «adaptarse y sobrevivir». Más bien, el pueblo debía entender sus circunstancias como un llamado a la introspección y el arrepentimiento. El salmo 137 es una ventana al sentimiento nacional de los exiliados[94]:

> Junto a los ríos de Babilonia,
> nos sentábamos y llorábamos,
> al acordarnos de Sión.
> Sobre los sauces en medio de ella
> colgamos nuestras arpas.
> Pues allí los que nos habían llevado cautivos nos pedían canciones,
> y los que nos atormentaban nos pedían alegría, diciendo:
> Cantadnos alguno de los cánticos de Sión.
> ¿Cómo cantaremos la canción del Señor en tierra extraña?
> Si me olvido de ti, oh Jerusalén,
> pierda mi diestra su destreza.
> Péguese mi lengua al paladar si no me acuerdo de ti,

---

93 Pfeiffer, *Old Testament History*, 495.
94 Leon James Wood, *A Survey of Israel's History* (Grand Rapids, MI: Academie Books, 1986), 329–330.

si no enaltezco a Jerusalén sobre mi supremo gozo[95].

El exilio jamás tuvo la expectativa de ser definitivo, sino temporal (Jer 29:14)[96]. El pueblo debía anhelar nuevamente estar delante de la presencia de Dios, con la bendición de Dios, bajo el gobierno de Dios, y mantenerse fieles mientras eso sucedía. Uno de los más grandes ejemplos de esta fidelidad en medio de la aflicción es la vida del profeta Daniel[97]. En lugar de acoplarse a las nuevas costumbres del pueblo captor, él se mantuvo firme en aquello que Dios requería de sus hijos, y el SEÑOR le prosperó, no sin antes guiarle a través de dificultades y pruebas personales. Por otro lado, las visiones de profetas como Ezequiel mostraban precisamente un templo restaurado, no por el lugar físico en sí, sino por la restauración de la bendición de Dios sobre los suyos.

Ciertamente, durante el exilio la actividad religiosa no cesó del todo[98]. Incluso, fue modificada. Pero los cambios implementados jamás fueron en contra de la ley que Dios había dado al pueblo. No cambiaron para adaptarse al exilio, sino que cambiaron como resultado del arrepentimiento provocado por el exilio. Sin la posibilidad de celebrar las fiestas solemnes en Jerusalén, los judíos comenzaron a reunirse para escudriñar la Ley y los Profetas. Los exiliados no construyeron un nuevo templo en Persia o Babilonia, sino que escribieron oraciones y cánticos de adoración donde suplicaban al SEÑOR que la disciplina fuera

---

[95] Salmo 137:1-6

[96] Pfeiffer, *Old Testament History*, 421.

[97] Richard P. Belcher, "Daniel," in *A Biblical-Theological Introduction to the Old Testament: The Gospel Promised*, ed. Miles V. Van Pelt (Wheaton, IL: Crossway, 2016), 509–511.

[98] Wood, *A Survey of Israel's History*, 328.

levantada, y la bendición fuera devuelta. La piedad personal creció, y nació propiamente el judaísmo, que prepararía el terreno en términos religiosos para la llegada del Mesías, y la proclamación del evangelio[99]. Eventualmente, las oraciones del pueblo fueron escuchadas y el exilió terminó. La ciudad de Jerusalén fue reconstruida, primero los muros, después el templo[100]. Es interesante notar que Israel fue de los pocos pueblos que no sucumbieron completamente antes los imperios que los dominaron[101]. Parte de la explicación es que, quienes comprendieron la necesidad de arrepentirse, se adhirieron fielmente a la fe dada por Dios y confiaron en Él para su restauración.

¿Qué podemos tomar de todo esto? ¿Cómo se relaciona a nuestra situación y la Cena del Señor? No podemos afirmar con seguridad porqué suceden cosas tan malas como la muerte de tantas personas a consecuencia de un virus. Ciertamente no tenemos la inspiración que tenían profetas como Jeremías[102]. El punto de estudiar el caso del pueblo de Dios durante el exilio no es importar la idea que lo que comenzó en 2019 sea el juicio de Dios[103]. Sin afirmar o negar que una pandemia sea *únicamente* un juicio de Dios

---

99 Pfeiffer, *Old Testament History*, 492–496.

100 Esta restauración está documentada en los libros de Esdras, Nehemías, Hageo y Zacarías, ver Harrison, *Introduction to the Old Testament with a comprehensive review of Old Testament studies and a special supplement on the apocrypha*, 1135-1151944–948; 949–957.

101 John Bright, *A History of Israel*, 3d ed., Westminster aids to the study of the Scriptures (Philadelphia, PA: Westminster Press, 1981), 347.

102 Steven Smith, *Exalting Jesus in Jeremiah and Lamentations* (Holman, 2019), 274.

103 Personalmente, no estoy en contra de la posibilidad que esto sea así. Pero no puedo imponer mi interpretación sobre todos. Parte del mensaje del libro de Job es que a veces no nos corresponde conocer las razones por las que Dios permite la calamidad sobre los suyos.

sobre nuestras vidas[104], lo que queda claro es que cuando al pueblo se le prohíbe reunirse, la bendición es removida del pueblo. El propósito no es que el pueblo encuentre maneras de «sobrellevar» esa temporada triste, sino que se vuelva a Dios y anhele regresar a su presencia, y regresar a la unidad con los hermanos. La reacción del pueblo de Dios al centralizar las Escrituras, la oración y la piedad personal en un tiempo de crisis en lugar de buscar simplemente construir un nuevo templo en Babilonia es algo que podemos y debemos imitar.

## Eclesiología y nuevas tecnologías

Sin embargo, nuestra exploración de la historia no termina allí. Aún debemos considerar la pregunta de la tecnología. Historias como las de Martyn Lloyd-Jones y Martín Lutero son inspiradoras. Pero el contraargumento puede ser que ellos no tenían la tecnología con la que nosotros ahora contamos. Y esto, en parte, es cierto. Pero solo en parte. Una de las ventajas de estudiar historia es que recordamos que las palabras del Predicador son ciertas: «No hay nada nuevo debajo del sol»[105].

Si bien es cierto que las generaciones que vinieron antes que nosotros no tenían acceso a exactamente las mismas tecnologías con las que hoy contamos, es un error pensar que nuestra generación es la primera en experimentar un

---

[104] En su libro titulado *Dios, Tecnología, y la Vida Cristiana*, Tony Reinke dedica un pequeño segment a explicar que Dios puede decretar aún los brotes de virus y sus enfermedades para el florecer de la humanidad y el Desarrollo de nuevas tecnologías. Ver Tony Reinke, *God, Technology, and the Christian Life* (Wheaton, IL: Crossway, 2022), 263–266.

[105] Eclesiastés 1:9

salto tecnológico importante, especialmente en lo que concierne a los sistemas de información y comunicación. Incluso en la narrativa bíblica, vemos el inicio del desarrollo tecnológico tan temprano como Génesis 4:22, con el desarrollo de la herrería[106]. Los primeros cristianos afianzaron la tecnología del *Codex* dejando atrás el rollo de pergamino para facilitar el transporte de libros[107]. En otras palabras, los desarrollos tecnológicos siempre han estado presentes a medida que las generaciones avanzan[108].

Consideremos la imprenta, creación de Juan Gutenberg en 1440. Este desarrollo tecnológico fue lo que consiguió expandir las ideas de Lutero y otros reformadores, dando lugar a la Reforma Protestante[109]. Esta misma imprenta fue utilizada por la iglesia de Roma para producir un sacramento en masa: la penitencia a través de las indulgencias. Si bien los protestantes no consideramos que la penitencia sea un sacramento válido, Lutero sí consideraba esta acción como una acción sacramental. Sin embargo, la liviandad con la que un papel era copiado, vendido, y entregado como prueba de perdón molestaba a Lutero, quien creía que el meollo del sacramento tenía que ver con la verdadera contrición del corazón y el

---

[106] Tony Reinke además de hacer mención de Tubal-caín como desarrollador de armamento a través de su trabajo con las herramientas de metal, identifica también a Jabal como uno de los primeros en hacer (aunque sin saberlo) innovación genética a través del ganado. Ver Reinke, *God, Technology, and the Christian Life*, 261.

[107] Michael J. Kruger, *Christianity at the Crossroads: How the Second Century Shaped the Future of the Church*, US Edition. (Downers Grove, IL: InterVarsity Press, 2018), 188–190.

[108] Reinke hace un excelente trabajo al trazar el origen de la tecnología en relación con la historia de redención y la providencia de Dios. Ver Reinke, *God, Technology, and the Christian Life*, 75–151.

[109] Tim Dowley et al., eds., *Introduction to the History of Christianity* (Minneapolis, MN: Fortress Press, 2013), 298–300.

arrepentimiento genuino. Lutero no desechó la tecnología, pero sancionó fuertemente su uso como inválido y no bíblico, especialmente en torno a la penitencia y el verdadero arrepentimiento[110].

El siglo XX, por otro lado, es regularmente caracterizado por las guerras que protagonizó. Sin embargo, ¡no debemos perder de vista que fue en este siglo que el hombre llegó al espacio! Martyn Lloyd-Jones tenía el teléfono, la radio y la televisión a su alcance y disposición. Su trabajo en la Capilla de Westminster inició justo un año antes de que el mexicano Guillermo González Camarena inventara la televisión a color. Además, como médico y hombre de ciencia, Lloyd-Jones no estaba en contra de la tecnología. Por el contrario, el hizo buen uso de la tecnología y grabó muchos de sus sermones para referencia en la posteridad. Sin embargo, en cuanto a la liturgia, la predicación y los sacramentos, él nunca desistió de la tradición que había recibido, nunca pensó en grabar el sacramento y pretender que los oyentes participaran de este. Dirigiéndose a una nueva generación de ministros en Estados Unidos, Martyn Lloyd-Jones, dijo lo siguiente:

> Alguien podrá preguntarse, 'Pero, ¿qué no los tiempos han cambiado? [...] ¿Cuál es mi respuesta a eso? Es bastante simple. Dios no ha cambiado.[111]

---

[110] Basta con leer las 95 Tesis que desataron el movimiento de Reforma; especialmente, las tesis 32, 36, 43 y 55. Ver Martin Luther, "The Ninety-Five Theses," in *Martin Luther's Basic Theological Writings*, ed. Timothy F. Lull and William R. Russell, 3rd ed. (Minneapolis, MN: Fortress Press, 2012), 8–13.

[111] D. Martyn Lloyd-Jones, *Preaching and Preachers*, 40th Anniversary Edition. (Grand Rapids, MI: Zondervan, 2011), 51.

Con todo, aún queda una pregunta a responder. Si no es válida la impartición de la Comunión por medios electrónicos, ¿entonces por qué tenemos «Servicios en Línea»? Esta es una pregunta natural y francamente digna de otro volumen. Sin embargo, hacer algunas distinciones en nuestras categorías de pensamiento nos puede ayudar a dar una breve respuesta.

En primer lugar, me parece que los términos *Servicio On-Line (o, en línea)*, *Iglesia Virtual*, o *Iglesia desde Casa* entre otros que han aparecido recientemente son inexactos en el mejor de los casos, y engañosos en el peor de ellos. Como hemos visto, el argumento sobre estar 'juntos espiritualmente' es de poco peso. Por otro lado, desde la iglesia temprana, tenemos el múltiple testimonio que la comunión debe ser impartida cuando los creyentes se junten como iglesia en un contexto de adoración pública[112]. El problema es que términos como los que mencionamos anteriormente asumen que lo que está sucediendo entre los que se encuentran grabando las actividades eclesiásticas y quienes se encuentran del otro lado de la pantalla es *estar reunidos como iglesia.* Muchos asumen que el hecho de que la tecnología permita comunicarnos visual y auditivamente en tiempo real es igual a *estar juntos.* Sin embargo, esta presuposición ha sido retada desde mucho antes de la pandemia por COVID.

En realidad, fue el movimiento emergente y las iglesias multi-sitio quienes comenzaron a experimentar con esta

---

[112] Thomas O'Loughlin, *The Didache: A Window on the Earliest Christians* (Grand Rapids, MI: Baker Academic, 2010), 85–104; Henry Bettenson and Chris Maunder, eds., *Documents of the Christian Church*, 4th ed. (New York, NY: Oxford University Press, 2011), 68, 70–71, 81.

idea. Para ellos, el uso de la tecnología abría la puerta a alcanzar más locaciones bajo la misma identidad eclesiástica[113]. De modo que una persona podía estar en Guadalajara escuchando a un pastor en la Ciudad de México y ambos formarían parte de la misma iglesia.

Por un lado, podemos apreciar el énfasis que quiere hacerse en la gente que pertenece a la comunidad eclesiástica y que comparte la misma fe. Sin embargo, esto no debe hacernos perder de vista que la iglesia local *es* una entidad física limitada conformado por un número limitado de miembros, en una zona geográfica específica que se reúne físicamente en tiempo y espacio determinados para ser una representación del Reino de Dios en la tierra[114]. Y si bien entendemos y celebramos que durante una prohibición general de asociación física debido a un virus miles de personas pueden seguir recibiendo la bendición de la predicación, también entendemos que la iglesia local y el culto de adoración público es más que pura transmisión de datos e información[115].

Siendo esto así, ¿por qué celebramos que la predicación se pueda transmitir en línea? Lo hacemos porque tenemos precedente bíblico para ello. Si bien no existían video llamadas en el tiempo de Pablo, por ejemplo, sí existían los papiros. Esa era la tecnología de la época, y Pablo la utilizó para esparcir el mensaje de salvación aún cuando no podía

---

[113] Eddie Gibbs and Ryan K. Bolger, *Emerging Churches: Creating Christian Community in Postmodern Cultures* (Grand Rapids, MI: Baker Academic, 2005), 89-115,188.

[114] Jonathan Leeman, *One Assembly: Rethinking the Multisite and Multiservice Church Models*, 9marks (Wheaton, IL: Crossway, 2020), 67–97.

[115] Collin Hansen and Jonathan Leeman, *Rediscover Church: Why the Body of Christ Is Essential*, 9marks (Wheaton, IL: Crossway, 2021), 45–55.

estar físicamente con todas las iglesias que había plantado. Este patrón ha sido seguido a lo largo de la historia de la iglesia. Pero el *servicio de adoración* como tal no consta solamente de la predicación, y el compartir públicamente el mensaje del evangelio no hace un culto público de adoración.

Además, uno de los resultados (quizá inesperados) de las transmisiones en línea es que han exacerbado las actividades de adoración privada en los hogares cristianos. Quizá esta no es una categoría o un término usado hoy, pero lo fue por mucho tiempo, y haríamos bien en rescatarlo. Todo lo que sucede en nuestra vida de devoción personal y familiar durante la semana, y aún en domingo, cuando no estamos en el culto público de adoración, es adoración privada[116]. Escuchar alabanzas en línea, cantarlas, escuchar una predicación, orar desde nuestras casas, todo eso es adoración privada y tiene precedente bíblico e histórico. Pablo nos llama a orar sin cesar (1 Tes 5:17) y a cantar salmos, himnos y cánticos espirituales (Ef 5:19-20). Como hemos explicado ya en secciones anteriores, los sacramentos requieren ser hechos por un ministro ordenado, en la asamblea, en el contexto de un culto público de adoración.

En este sentido, si deseamos recibir enseñanza a través de una transmisión grabada o en vivo o deseamos iniciar un

---

[116] Beeke y Jones tienen una de las mejores exposiciones del concepto de adoración privada en Joel R. Beeke and Mark Jones, *A Puritan Theology: Doctrine for Life* (Grand Rapids, MI: Reformation Heritage Books, 2012), 859–876
Este título puede ser conseguido en español como Joel R Beeke and Mark Jones, *Una Teología Puritana: Doctrina Para La Vida* (Colombia: Poiema Publicaciones, 2021).

hábito de adoración familiar en casa, ¡eso es excelente![117]. Pero eso *no sustituye* de ningún modo a la iglesia local (Heb 10:23-25). Nuestros hábitos de adoración privada deben ser practicados en paralelo, y no *en lugar de* la adoración pública.

¿Qué sucede entonces en una transmisión en vivo? Técnicamente, si quienes se reúnen a grabar el servicio lo hacen en el día determinado por el Señor, el domingo, y con el propósito de adorar públicamente a Dios, ellos están participando de un culto público de adoración dominical. Quienes se encuentran del otro lado de la pantalla pueden ser tremendamente beneficiados por ver y escuchar lo que sucede en ese culto, pero al no estar reunidos como iglesia, ellos no forman parte de esa asamblea de adoración. Si bien pueden estar participando de una especie de adoración privada, esto no sustituye la necesidad de la adoración pública. En conclusión, la iglesia local necesita reunirse físicamente. Y lo que sucede entre los que participan en la reunión local y los telespectadores virtuales no es propiamente iglesia, aunque ambas partes puedan ser espiritualmente beneficiadas[118].

La realidad es que, desde el primer siglo de la iglesia, la tradición dada por Cristo a los apóstoles ha permanecido a través de la historia a pesar de los cambios tecnológicos. Esto va desde lo más general como lo es el entendimiento del culto público de adoración, hasta cuestiones más específicas como la proclamación del evangelio, ministrar a

---

[117] Yo mismo he escrito a favor y animado a otros a practicar la adoración familiar. Ver J. Alberto Paredes, "Adoración en Familia," *Enviados*, last modified 2020, accessed January 17, 2022, https://enviados.org/recursos/series/devocionales-en-familia/.

[118] Una de las mejores y más exhaustivas defensas de esta postura se puede leer en Giese, "Is 'Online Church' Really Church?"

personas enfermas, y administrar la cena del Señor. En resumen, por un lado, tenemos situaciones muy similares a las nuestras. A través de la historia el pueblo de Dios ha pasado por temporadas donde reunirse va desde lo peligroso hasta lo imposible. El pueblo de Dios ha tenido acceso a nuevas tecnologías a través de esas temporadas. Finalmente, el pueblo de Dios decide entre arriesgarse o no arriesgarse para continuar con el culto público de adoración. Lo que no hemos visto en la historia, por lo menos no con aprobación de la iglesia universal, es que el pueblo de Dios comprometa aquello que ha recibido, y que ha sido llamado a preservar puro a través de las generaciones (2 Ti 1:14). Oremos por que no sea nuestra generación la que rompa con aquello que nuestros hermanos del pasado nos han dejado.

# CONCLUSIONES Y EXHORTACIÓN

Llegamos casi al final de este trabajo, y es necesario recordar el propósito principal del escrito. En primer lugar, era presentar de forma justa y ordenada las clases de argumento que circulan a favor de la práctica de la comunión en línea. En segundo lugar, proveer una respuesta a tales argumentos. En tercer lugar, que estas respuestas demuestren que los argumentos hasta ahora presentados carecen del peso necesario para decidir incurrir en la práctica de la cena virtual. Por último, generar una voz más en la conversación para que la iglesia sea edificada.

En torno al primer objetivo, espero de todo corazón haber hecho justicia a los argumentos de mis hermanos. Espero haber presentado sus argumentos con claridad y en amor. Aun cuando creo que los argumentos son insuficientes, eso no nos previene de ver el lado positivo en ellos, y afirmar los aspectos positivos no nos detiene de analizar críticamente sus fallas. En un mundo donde los interminables debates parecen ser la norma, y la falta de amor una práctica imperante, espero que aun si diferimos de las conclusiones, el modelo de interactuar en amor pueda ser utilizado por las generaciones que vienen detrás, ya que esta generación parece estar fallando en ello.

Por otro lado, las fallas y errores teológicos no son poca cosa. El amor y fraternidad cristiana no solo nos permite, sino que nos obliga a responder a tales errores con los mejores estándares de calidad de investigación teológica posibles. Esto, en muchas ocasiones incluye examinar la posición que nuestros hermanos a lo largo de la historia han tomado frente a circunstancias similares. A veces se nos olvida que la iglesia militante tiene mucho que aprender de la iglesia victoriosa. Así como el joven hace bien en prestar atención a la experiencia y los consejos de su padre, la iglesia hoy hará bien en examinar y aprender de la iglesia del pasado.

A pesar de todo, el teólogo moderno debe ser capaz de interactuar con los académicos de una forma que la grey pueda comprender. En ocasiones, las cuestiones técnicas tendrán que salir a la superficie, y, sin embargo, espero haber podido mostrar el núcleo de los argumentos tanto a favor como en contra. Deseo interactuar realmente con los argumentos, y no con pobres representaciones de estos.

Además, deseo que estas respuestas muestren que debemos ser mucho más cuidadosos con las decisiones que tomamos. A veces, somos muy prontos para actuar y no dedicamos el tiempo suficiente para estudiar realmente las implicaciones de lo que otros teólogos y pastores están haciendo. Respeto a quienes han estudiado el tema y difieren de mis conclusiones, sin embargo, exhorto a quienes se apresuraron a decidir sin haber hecho la tarea: Estudiemos más, preparémonos mejor.

En la medicina, al recetar un medicamento o proponer algún procedimiento para tratar al paciente, hay dos términos que juegan un papel importante en la decisión del médico para el tratamiento del paciente. Estos son 1) la relación costo-beneficio, y 2) el consentimiento informado. Cuando el médico considera la relación costo beneficio, lo que hace es poner en una balanza (por así decirlo), los riesgos del tratamiento contra los beneficios que esa misma intervención tendrá. Solo si el beneficio es claramente mayor que el riesgo, el tratamiento será sugerido al paciente. Por otro lado, estos mismos riesgos se tienen que comunicar al paciente. No queremos que una reacción alérgica, una complicación o algún otro efecto secundario nos tome por sorpresa. Deseamos comunicar al paciente los riesgos que un tratamiento puede tener para que ellos estén con nosotros en sintonía al tomar la decisión, y para que el tratamiento sea lo más efectivo posible.

En el caso de la comunión en línea, algo similar debe ocurrir. El pastor o presbíteros que toman la decisión deben estar plenamente conscientes a lo que están accediendo. La congregación debe estar informada cuando se parte de la práctica convencional, bíblica, e histórica. Por lo pronto, no considero que el caso a favor de una cena en línea tenga bases bíblicas suficientes para que sea practicado por las iglesias en el mundo. No considero que las circunstancias nos permitan hacernos de la vista gorda a las inconsistencias exegéticas, teológicas, y prácticas de los argumentos presentados a favor de la comunión en línea. La encomienda es demasiado seria, la responsabilidad demasiado grande, el precio demasiado alto, para llevar a las ovejas de Cristo por caminos que el pastor no ha examinado primero. Recordemos la tarea pastoral que nos ha sido dada (1 Pe 5:1-4). En la providencia de Dios, nos ha permitido pasar por un par de años más que difíciles, pero eso no nos exime de la responsabilidad de presentar a nuestras iglesias como vírgenes para el día de las bodas (2 Co 11:2), y del hecho que nuestras obras y ministerios serán juzgados por el juez supremo (1 Co 3:11-15).

Por último, deseo dirigirme a quienes están seriamente convencidos de esta práctica. En primer lugar, si han llegado hasta el final, agradezco su paciencia y caridad. Agradezco estén dispuestos a leer a la contraparte, otras voces en la conversación. Y les exhorto a seguir trabajando para proponer de una forma más sólida, clara, y consistente los argumentos que respaldan la práctica. Espero que la conversación continúe. Siempre que la Biblia sea nuestra única regla de fe y práctica, tenemos esperanza de un diálogo civilizado y en amor. Espero que, en oración, sigamos aprendiendo, creciendo, y madurando hasta llegar a la unidad de la fe (Ef 4:13), y por consecuencia, eventualmente, así sea en el Reino Consumado, a la unidad de nuestra práctica.

# BIBLIOGRAFÍA


Alexander, J. A. *A Commentary on the Acts of the Apostles.* Repr. The Geneva Series of Commentaries. Edinburgh: The Banner of Truth Trust, 1980.

Attridge, Harold W. *The Epistle to the Hebrews: A Commentary on the Epistle to the Hebrews.* Edited by Helmut Koester. Hermeneia: A Critical and Historical Commentary on the Bible. Philadelphia, PA: Fortress Press, 1989.

Bailey, Greg. «Serving Christ in a Time of Plague». *Ligonier Ministries,* May 3, 2009. Accessed January 15, 2022. https://www.ligonier.org/posts/serving-christ-in-a-time-of-plague.

Bannerman, James. *Church of Christ: A Treatise in the Nature, Powers, Ordinances, Discipline, and Government of the Christian Church.* Pretoria, IL: Banner of Truth Trust, 2015.

Bavinck, Herman. *Reformed Dogmatics: Holy Spirit, Church and New Creation.* Edited by John Bolt. Translated by John Vriend. Vol. Vol. IV. IV vols. Grand Rapids, MI: Baker Academic, 2003.

Beeke, Joel R., and Mark Jones. *A Puritan Theology: Doctrine for Life.* Grand Rapids, MI: Reformation Heritage Books, 2012.

Beeke, Joel R, and Mark Jones. *Una Teología Puritana: Doctrina Para La Vida.* Colombia: Poiema Publicaciones, 2021.

Belcher, Richard P. «Daniel». In *A Biblical-Theological Introduction to the Old Testament: The Gospel Promised*, edited by Miles V. Van Pelt. Wheaton, IL: Crossway, 2016.

Bettenson, Henry, and Chris Maunder, eds. *Documents of the Christian Church.* 4th ed. New York, NY: Oxford University Press, 2011.

Bock, Darrell L. *Acts.* Baker exegetical commentary on the New Testament. Grand Rapids, Mich: Baker Academic, 2007.

Bright, John. *A History of Israel.* 3d ed. Westminster aids to the study of the Scriptures. Philadelphia, PA: Westminster Press, 1981.

Bruce, F. F. *The Epistle to the Hebrews.* Eerdmans classic biblical commentaries edition. Eerdmans classic biblical commentaries. Grand Rapids, MI: Eerdmans, 2018.

Bucer, Martin. *Concerning the True Care of Souls.* Translated by Peter Beale. Edinburgh, EH, UK: Carlisle, PA : Banner of Truth Trust, 2009.

Burkholder, Justin. «Por Qué Nuestra Iglesia Celebra La Santa Cena Por Videollamada». *Coalición Por El Evangelio,* May 6, 2020. https://www.coalicionporelevangelio.org/articulo/por-que-nuestra-iglesia-celebra-la-santa-cena-por-videollamada/.

Calvin, Jean. *Institutes of the Christian Religion.* Edited by John T McNeill. Translated by Ford Lewis Battles. Louisville, KY: Westminster John Knox Press, 2006.

Carson, D. A. *Exegetical Fallacies.* 2nd ed. Carlisle, UK : Grand Rapids, MI: Paternoster ; Baker Books, 1996.

———. *The Gospel According to John.* Leicester, England : Grand Rapids, MI: Inter-Varsity Press ; W.B. Eerdmans, 1991.

Chang, Geoff. «Spurgeon and the Cholera Outbreak of 1854». *The Spurgeon Center,* March 3, 2020. Accessed January 16, 2022. https://www.spurgeon.org/resource-library/blog-entries/spurgeon-and-the-cholera-outbreak-of-1854/.

Charnock, Stephen. «A Discourse of the End of the Lord's Supper». In *The Complete Works of Stephen Charnock.* 1864th–1866th; repr. ed. Edinburgh: Banner of Truth Trust, 1985.

Chung-Kim, Esther, and Todd R. Hains, eds. *Acts.* Reformation commentary on scripture New Testament VI. Downers Grove, IL: InterVarsity Press, 2014.

Culy, Martin M., and Mikeal Carl Parsons. *Acts: A Handbook on the Greek Text.* 1st ed. Waco, Tex: Baylor University Press, 2003.

Dickson, David. *Truth's Victory over Error: A Commentary on the Westminster Confession of Faith.* Edinburgh, Scotland: Banner of Truth Trust, 2007.

Dowley, Tim, John H. Y Briggs, Robert Dean Linder, and David F Wright, eds. *Introduction to the History of Christianity.* Minneapolis, MN: Fortress Press, 2013.

Ellingworth, Paul. *The Epistle to the Hebrews: A Commentary on the Greek Text.* The New international Greek Testament commentary. Grand Rapids, MI: W.B. Eerdmans, 1993.

Fee, Gordon D. *New Testament Exegesis: A Handbook for Students and Pastors.* 3rd ed. Louisville, KY: Westminster John Knox Press, 2002.

Gibbs, Eddie, and Ryan K. Bolger. *Emerging Churches: Creating Christian Community in Postmodern Cultures.* Grand Rapids, MI: Baker Academic, 2005.

Giese, Ronald L. «Is "Online Church" Really Church? The Church as God's Temple». *Themelios* 45, no. 2 (August 2020): 347–367.

Hansen, Collin, and Jonathan Leeman. *Rediscover Church: Why the Body of Christ Is Essential.* 9marks. Wheaton, IL: Crossway, 2021.

Harrison, R. K. *Introduction to the Old Testament with a comprehensive review of Old Testament studies and a special supplement on the apocrypha.* 3. Aufl. Grand Rapids, MI: Eerdmans, 1973.

Hendriksen, William. *Exposition of the Gospel According to John: 2 Vols. in 1.* 10. print. New Testament commentary. Grand Rapids, MI: Baker Book House, 1983.

Horgan, John. «Plague of Cyprian, 250-270 CE». *World History Encyclopedia*, December 13, 2016. Accessed January 16, 2022.
https://www.worldhistory.org/article/992/plague-of-cyprian-250-270-ce/.

Kanagaraj, Jey J. *John: A New Covenant Commentary.* New covenant commentary series. Eugene, OR: Cascade Books, 2013.

Köstenberger, Andreas J. «Was the Lord's Supper a Passover Meal? [¿Fue La Cena Del Señor Una Comida Pascual?]». In *The Lord's Supper: Remembering and Proclaiming Christ Until He Comes*, edited by Thomas R. Schreiner and Matthew R. Crawford. NAC studies in Bible & theology 10. Nashville, TN: B&H Academic, 2010.

Kruger, Michael J. *Christianity at the Crossroads: How the Second Century Shaped the Future of the Church.* US Edition. Downers Grove, IL: InterVarsity Press, 2018.

Leeman, Jonathan. *One Assembly: Rethinking the Multisite and Multiservice Church Models.* 9marks. Wheaton, IL: Crossway, 2020.

Lloyd-Jones, D. Martyn. *Preaching and Preachers.* 40th Anniversary Edition. Grand Rapids, MI: Zondervan, 2011.

Log Collage Press. «When the Plague Comes - Pastoral Compassion in Centuries Past». *Log College Press,* January 29, 2020. Accessed January 15, 2022. https://www.logcollegepress.com/blog/2020/1/27/when-the-plague-comes-pastoral-compassion-in-centuries-past.

Luther, Martin. «The Ninety-Five Theses». In *Martin Luther's Basic Theological Writings,* edited by Timothy F. Lull and William R. Russell. 3rd ed. Minneapolis, MN: Fortress Press, 2012.

———. «Whether One May Flee From a Deadly Plague». In *Martin Luther's Basic Theological Writings,* edited by Timothy F. Lull and William R. Russell, 475–487. 3rd ed. Minneapolis, MN: Fortress Press, 2012.

Marshall, I. Howard. *The Acts of the Apostles: An Introduction and Commentary.* 1st American ed. The Tyndale New Testament commentaries. Grand Rapids, MI: W.B. Eerdmans Pub. Co, 1980.

Meyer, Jason C. *Lloyd-Jones on the Christian Life: Doctrine and Life as Fuel and Fire.* Theologians on the Christian life. Wheaton: Crossway, 2018.

Muller, Richard A. «Locus Classicus». *Dictionary of Latin and Greek Theological Terms: Drawn Principally from*

*Protestant Scholastic Theology*. Grand Rapids, Michigan: Baker Academic, a division of Baker Publishing Group, 2017.

Murray, Iain Hamish. *The Life of D. Martyn Lloyd-Jones, 1899-1981*. Edinburgh: The Banner of Truth Trust, 2013.

O'Loughlin, Thomas. *The Didache: A Window on the Earliest Christians.* Grand Rapids, MI: Baker Academic, 2010.

Palmer, John. «Zeno of Elea». In *The Stanford Encyclopedia of Philosophy*, edited by Edward N. Zalta. Summer 2021. Metaphysics Research Lab, Stanford University, 2021. Accessed January 11, 2022. https://plato.stanford.edu/archives/sum2021/entries/zeno-elea/.

Paredes, J. Alberto. «Adoración en Familia». *Enviados.* Last modified 2020. Accessed January 17, 2022. https://enviados.org/recursos/series/devocionales-en-familia/.

Pfeiffer, Charles F. *Old Testament History*. Grand Rapids, Mich: Baker Book House, 1973.

Rea, Robert F. *Why Church History Matters: An Invitation to Love and Learn from Our Past.* Downers Grove, IL: InterVarsity Press, 2014.

Reeves, Michael, and Mark Dever. *The Unquenchable Flame: Discovering the Heart of the Reformation.* Nashville, TN: B & H Academic, 2010.

Reinke, Tony. *God, Technology, and the Christian Life.* Wheaton, IL: Crossway, 2022.

Ridderbos, Herman N. *Paul: An Outline of His Theology.* Translated by John Richard de Witt. Grand Rapids, MI: W.B. Eerdmanns, 1997.

Ridgeway, Chris. «Online Communion Can Still Be Sacramental: The Bread and the Cup Zoomed for You». *Christianity Today*, March 27, 2020. https://www.christianitytoday.com/ct/2020/march-web-only/online-communion-can-still-be-sacramental.html.

Riedel. «Practicando Las Ordenanzas En Una Pandemia». *Coalición Por El Evangelio*, Abril 2020. https://www.coalicionporelevangelio.org/articulo/practicando-las-ordenanzas-en-una-pandemia/.

Robertson, Archibald T. *A Grammar of the Greek New Testament in the Light of Historical Research.* Nashville, TN: Broadman, 1980.

Rogers Jr., Cleon L., and Cleon L. Rogers III. *The New Linguistic and Exegetical Key to the Greek New Testament.* Grand Rapids, MI: Zondervan Pub. House, 1998.

Roper, Lyndal. *Martín Lutero: renegado y profeta.* Translated by Sandra Chaparro Martínez. Primera edición. Memorias y biografías. Barcelona: Taurus, 2017.

———. *Martin Luther: Renegade and Prophet.* First edition. New York, NY: Random House, 2016.

Ryken, Leland, Jim Wilhoit, Tremper Longman, Colin Duriez, Douglas Penney, and Daniel G. Reid, eds. *Dictionary of Biblical Imagery.* Downers Grove, IL: InterVarsity Press, 1998.

Schreiner, Thomas. *Hebrews: Evangelical Biblical Theology Commentary.* Evangelical Biblical Theology Commentary. Bellingham, WA: Lexham Press, 2020.

Silva, Moisés. «God, Language, and Scripture». In *Foundations of Contemporary Interpretation*, edited by Moisés Silva. Grand Rapids, Mich: Zondervan Pub. House, 1996.

Smith, Steven. *Exalting Jesus in Jeremiah and Lamentations.* Holman, 2019.

St. Cyril of Jerusalem. «On the Eucharistic Liturgy [Sobre la Liturgia Eucarística]». In *Lectures on the Christian Sacraments: the Procatechesis and the Five Mystagogical Catecheses ascribed to St Cyril of Jerusalem,* translated by Maxwell E. Johnson. Popular Patristics series 57. Yonkers, NY: St Vladimir's Seminary Press, 2017.

Turretin, Francis. *Institutes of Elenctic Theology.* Edited by James T. Dennison. Translated by George Musgrave Giger. Vol. Volume III. Phillipsburg, NJ: Presbyterian and Reformed Publishing Company, 1997.

Vickers, Bryan. «The Lord's Supper: Celebrating Past and Future in the Present [La Cena Del Señor: Celebrando El Pasado y Futuro En El Presente]». In *The Lord's Supper: Remembering and Proclaiming Christ Until He Comes,* edited by Thomas R. Schreiner and Matthew R. Crawford. NAC studies in Bible & theology 10. Nashville, TN: B&H Academic, 2010.

Vos, Geerhardus. *Reformed Dogmatics.* Edited by Annemie Godbehere, Roelof van Ijken, and Kim Batteau. Translated by Richard B. Gaffin. Bellingham, WA: Lexham Press, 2012.

Vos, Johannes Geerhardus. *The Westminster Larger Catechism: A Commentary.* Edited by G. I. Williamson. Phillipsburg, NJ: P&R Pub, 2002.

Wallace, Daniel B. *Greek Grammar beyond the Basics an Exegetical Syntax of the New Testament ; with Scripture, Subject and Greek Word Indexes.* Grand Rapids, MI: Zondervan, 2008.

Wallace, Ronald S. *Calvin's Doctrine of the Word and Sacrament.* Eugene, OR: Wipf and Stock Publishers, 1997.

Waters, Guy Prentiss, and J. Ligon Duncan, eds. *Children and the Lord's Supper: Let a Man Examine Himself.* Fearn, UK: Mentor, 2011.

Watson, Thomas. *The Lord's Supper.* Edinburgh: Banner of Truth Trust, 2004.

Williamson, G. I. *La confesión de fe de Westminster para clases de estudio.* Medellin, Colombia: Poiema Publicaciones, 2015.

Witvliet, John D., Noel Snyder, María Cornou, and Chang Gyu Jang. «Pandemics and Public Worship Throughout History», March 23, 2020. Accessed January 15, 2022. https://worship.calvin.edu/resources/resource-library/pandemics-and-public-worship-throughout-history.

Wood, Leon James. *A Survey of Israel's History.* Grand Rapids, MI: Academie Books, 1986.

Made in the USA
Columbia, SC
18 August 2022

65082043R00079